JACKIE MESSERICH & FRANCK COLOTTE

Luxembourgeois

À GRANDE VITESSE

30 LEÇONS TRÈS PRATIQUES
EN STREAMING AUDIO

Voyage au pays du

Apprendre une langue, c'est ouvrir une nouvelle porte sur le monde, sur ses réalités humaines, culturelles, socio-économiques. Cette perspective se vérifie de façon d'autant plus probante que le Grand-Duché de Luxembourg, petit État de 2 586 km², est une terre cosmopolite où les individus, les langues et les cultures se croisent, dialoguent et s'entremêlent. Au sein de ce concert linguistique et culturel, le luxembourgeois – la « langue nationale des Luxembourgeois », comme le stipule la loi du 24 février 1984 sur le régime des langues – connaît un essor constant. En témoignent le développement des cours de luxembourgeois ainsi que l'intérêt croissant qu'y porte une population bigarrée nourrissant des liens professionnels ou familiaux avec le Luxembourg.

Apprendre une langue consiste à pénétrer dans un nouvel univers, à remettre constamment son ouvrage sur le métier, dans l'idée de ne jamais cesser de sculpter sa propre statue – pour paraphraser le philosophe néoplatonicien Plotin. Sculpter cette statue signifie d'abord améliorer son *curriculum vitæ*. La nécessité d'être en permanence connecté aux autres sur le marché du travail donne une importance capitale à l'apprentissage des langues nationales, au nombre desquelles figure le luxembourgeois qui joue pleinement ce rôle de tremplin. Par ailleurs, apprendre la langue d'un pays où l'on a établi ses racines professionnelles, voire tissé un réseau social, c'est partir à la rencontre des gens ! Maîtriser les bases d'une langue, c'est s'assurer une communication fructueuse et interactive dans toutes les situations de la vie courante.

multilinguisme…

Une telle perspective demande l'acquisition progressive de savoirs et de savoir-faire. Grâce aux mises en situation concrètes proposées par cet ouvrage, l'apprenant emportera dans ses valises nombre d'expressions et de tournures idiomatiques, de phrases clés et d'automatismes linguistiques qu'il pourra réactiver le moment venu. En trente chapitres, du « premier contact » aux « questions administratives », en passant par le « travail » et la « vie quotidienne », ce livre propose une immersion linguistique pragmatique, associant théorie et pratique. Ce nouveau manuel est donc une odyssée de la vie de tous les jours, permettant à l'apprenant d'arriver à bon port. Apprendre le luxembourgeois « à toute vitesse » – tel est le nom de cet ouvrage se fixant comme objectif un apprentissage rapide, opérationnel et durable de la langue – est un avantage considérable qui rend le voyage beaucoup plus intéressant !

Franck COLOTTE – Jackie MESSERICH

Sommaire

I) KONTAKT OPHUELEN / *PREMIER CONTACT* — 7

Chapitre 1. Begréissungen / *Salutations, présentations* — 9

Chapitre 2. Duzen an dierzen / *Tutoiement et vouvoiement* — 19

Chapitre 3. Entschëllegungen / *Excuses* — 27

Chapitre 4. Renseignementer / *Renseignements* — 35

Chapitre 5. E Rendez-vous ausmaachen
(fir eng Wunneng kucken ze goen) /
Rendez-vous (pour visiter une location) — 45

II) ADMINISTRATIV FROEN / *QUESTIONS ADMINISTRATIVES* — 55

Chapitre 6. Op der Gemeng / *À la mairie* — 57

Chapitre 7. Op der Bank / *À la banque* — 65

Chapitre 8. Op der Post / *À la poste* — 73

Chapitre 9. Telefonsleitung an Internetuschloss /
Ligne téléphonique et connexion Internet — 81

Chapitre 10. Op der Gesondheetskeess /
À la Caisse nationale de santé — 89

Chapitre 11. Sech op der ADEM aschreiwen /
S'inscrire à l'ADEM (Pôle emploi) — 97

III) OP DER AARBECHT / *AU TRAVAIL* — 105

Chapitre 12. Op eng Annonce reagéieren / *Réagir à une annonce* — 107

Chapitre 13. Um Telefon / *Au téléphone* — 115

Chapitre 14. En Astellungsgespréich / *Un entretien d'embauche* — 123

Chapitre 15. Eng Reunioun preparéieren an organiséieren /
Préparer et organiser une réunion — 131

Chapitre 16. Instruktioune ginn / *Donner des ordres ou des instructions* 139

Chapitre 17. D'Aarbechtskolleege kenneléieren / *Apprendre à connaître ses collègues de travail* 147

Chapitre 18. E Client empfänken / *Accueillir un client* 155

Chapitre 19. Op eng Reklamatioun reagéieren / *Réagir à une réclamation* 163

Chapitre 20. E Geschäftsiessen / *Un déjeuner d'affaires* 171

IV) AM ALLDAG / *VIE QUOTIDIENNE* 179

Chapitre 21. Nom Wee froen / *Demander son chemin* 181

Chapitre 22. E Snack kafen / *Acheter un snack* 189

Chapitre 23. Op der Gare / *À la gare* 197

Chapitre 24. Am Taxi / *Dans un taxi* 205

Chapitre 25. Beim Dokter – Am Spidol / *Chez le médecin – À l'hôpital* 213

Chapitre 26. An der Schoul / *À l'école* 221

Chapitre 27. An der Crèche / *À la crèche* 231

Chapitre 28. An de Kino invitéieren / *Inviter au cinéma* 239

Chapitre 29. Iwwer Sport schwätzen / *Conversation autour du sport* 247

Chapitre 30. Op Besuch bei sengen Noperen / *Invitation entre voisins* 257

VERBESSERUNG VUN DEN EXERCICEN / *CORRIGÉS DES EXERCICES* 265

I

Kontakt ophuelen

Premier contact

– Bonjour Monsieur, je suis Français et je viens faire fortune au Luxembourg.
– ... Ce n'est pas très original...

CHAPITRE 1

Begréissungen
Salutations, présentations

OBJECTIFS

- Saluer et prendre congé de manière appropriée, selon l'interlocuteur et le moment de la journée
- S'enquérir de l'état de l'interlocuteur
- Se présenter
- Présenter une autre personne
- Interroger l'interlocuteur pour qu'il se présente

CHAPITRE 1 BEGRÉISSUNGEN / SALUTATIONS, PRÉSENTATIONS

Dialogue 1

Monsieur Scholtes : Bonjour madame Wagner, comment allez-vous ?

Madame Wagner : Oh, bonjour monsieur Scholtes, bien, et vous ?

Monsieur Scholtes : Merci, je ne peux pas me plaindre. Habitez-vous ici ?

Madame Wagner : Oui, au numéro 7, et vous ?

Monsieur Scholtes : Je travaille ici, au numéro 17.

Madame Wagner : Ah, très bien ! Bonne journée alors et à la prochaine.

Monsieur Scholtes : Merci, vous de même. Au revoir, madame Wagner.

Madame Wagner : Au revoir, monsieur Scholtes.

Dialogue 2

Madame Gardella : Bonjour monsieur. Je suis la nouvelle collaboratrice.

Monsieur Scholtes : Ah, bonjour madame. Vous êtes madame Gardella ?

Madame Gardella : Oui, mon nom est Antonia Gardella.

Monsieur Scholtes : Enchanté. Vous venez d'Italie ?

Madame Gardella : Oui, de Rome.

Monsieur Scholtes : Mais vous parlez bien le luxembourgeois !

Madame Gardella : Merci, j'habite ici depuis 3 ans.

Monsieur Scholtes : Vous habitez en ville ?

Madame Gardella : Non, à Esch.

Monsieur Scholtes : Alors, venez, je vais vous présenter vos nouveaux collègues.

Dialog 1

Här Scholtes: Moie Madamm Wagner, wéi geet et Iech?

Madamm Wagner: O, Bonjour, Här Scholtes, ma gutt, an Iech?

Här Scholtes: Merci, ech kann net kloen. Wunnt Dir hei?

Madamm Wagner: Jo, hei op Nummer 7, an Dir?

Här Scholtes: Ech schaffen hei op Nummer 17.

Madamm Wagner: Aha, interessant! Ma dann nach e schéinen Dag a bis eng aner Kéier.

Här Scholtes: Merci gläichfalls. Awuer, Madamm Wagner.

Madamm Wagner: Äddi, Här Scholtes.

Dialog 2

Madamm Gardella: Gudde Mëtteg Monsieur. Ech sinn déi nei Mataarbechterin.

Här Scholtes: A, Bonjour Madamm. Dir sidd d'Madamm Gardella?

Madamm Gardella: Jo, mäin Numm ass Antonia Gardella.

Här Scholtes: Enchantéiert. Kommt Dir aus Italien?

Madamm Gardella: Jo, vu Roum.

Här Scholtes: Dir schwätzt awer gutt Lëtzebuergesch!

Madamm Gardella: Merci, ech wunne jo och schonn 3 Joer hei.

Här Scholtes: Wunnt Dir an der Stad?

Madamm Gardella: Nee, zu Esch.

Här Scholtes: Da kommt mol mat, ech presentéieren Iech Är nei kolleegen.

CHAPITRE 1 BEGRÉISSUNGEN / SALUTATIONS, PRÉSENTATIONS

Quelques prépositions de lieu

An, aus, zu, vun, bei, op répondent aux questions commençant par **wou** *(où)* et **vu wou** *(d'où)*.

Ech wunnen **an** der Stad, **zu** Beggen.
J'habite en ville, à Beggen.

Ech schaffen **zu** Esch, **bei** der Firma Aqualux.
Je travaille à Esch, chez la société Aqualux.

Ech komme **vu** Metz, **aus** Frankräich.
Je viens de Metz, en France.

Ech schaffen **zu** Walfer, **op** enger Bank.
Je travaille à Walferdange, dans une banque.

Grammaire

Emploi de l'article défini avec le verbe « sinn » (*être*) dans la présentation

Ech heeschen Antoine. Ech sinn **den** Antoine.
Je m'appelle Antoine. Je suis (le) Antoine.

Ech heesche Maxime. Ech sinn **de** Maxime.
Je m'appelle Maxime. Je suis (le) Maxime.

Ech heeschen Anna. Ech sinn **d'**Anna.
Je m'appelle Anna. Je suis (la) Anna.

Ech heesche Marie. Ech sinn **d'**Marie.
Je m'appelle Marie. Je suis (la) Marie.

Quelques modèles de conjugaison

➔ Les verbes utiles pour se présenter sont les verbes réguliers « wunnen », « heeschen », « schaffen » et « schwätzen » *(habiter, s'appeler, travailler, parler)* ainsi que les verbes irréguliers « sinn » et « kommen » *(être, venir)*.

➔ Les verbes irréguliers (signalés dans la liste du vocabulaire par un *) changent de radical à l'indicatif présent (en général aux 2e et 3e personnes du singulier), mais gardent les mêmes terminaisons que les verbes réguliers.

	wunnen *(habiter)*	heeschen *(s'appeler)*	schaffen *(travailler)*	schwätzen *(parler)*	kommen *(venir)*	sinn *(être)*
ech	wunn-en	heesch-en	schaff-en	schwätz-en	komm-en	sinn
du	wunn-s	heesch-s	schaff-s	schwätz	kënn-s	bass
hien/si/hatt	wunn-t	heesch-t	schaff-t	schwätz-t	kënn-t	ass
mir	wunn-en	heesch-en	schaff-en	schwätz-en	komm-en	sinn
Dir/dir	wunn-t	heesch-t	schaff-t	schwätz-t	komm-t	sidd
si	wunn-en	heesch-en	schaff-en	schwätz-en	komm-en	sinn

En général, le prénom s'accompagne d'un article défini, sauf avec le verbe « heeschen » (*s'appeler*) et l'expression « mäin Numm ass » (*mon nom est*).
L'article défini est « den » (ou « de », si la règle du -n l'exige) pour les prénoms masculins et « d' » pour les prénoms féminins.

La règle du -n final

Spécificité exclusive de la langue luxembourgeoise, on n'écrit pas les « n » à la fin des mots si on ne les prononce pas, à moins qu'ils ne soient suivis d'un signe de ponctuation (. , ; : ( )).
Les « n » sont conservés lorsqu'ils précèdent les voyelles et les consonnes « d, t, z, n, h ». Dans certains cas, ils sont aussi conservés lorsqu'une autre consonne que celles citées suit. Devant les pronoms « si », « se », « sech » et « seng », les –n finaux sont facultatifs.

De**n** Antoine, mee: De Paul.

Vu**n** Hong Kong, mee: Vu Paräis.

Cette règle s'applique à tous les « n » finaux, qu'ils soient dans une préposition, un article, un verbe, etc. Les « n » finaux des noms propres sont en revanche conservés.

D'Carme**n** kënnt aus Spuenien. Spuenie läit an Europa.
Carmen vient d'Espagne. L'Espagne est située en Europe.

Les langues

En général, les langues se terminent par **-esch** et s'écrivent avec une majuscule.

Voici quelques exemples et des **exceptions :**

Ech schwätzen Englesch, Russesch, Chineesesch, Japanesch, Finnesch, Italieenesch, Spuenesch an natierlech **Däitsch, Franséisch** a Lëtzebuergesch!

Je parle anglais, russe, chinois, japonais, finnois, italien, espagnol, et bien sûr, allemand, français et luxembourgeois !

Vocabulaire

äddi	au revoir, adieu
an	dans, en, au (pays)
an	et
aus	de (origine, pays)
awuer, awar	au revoir
bei	chez (personne, société)
den Dag (m.), d'Deeg (pl.)	le jour, la journée
de Familljennumm (m.), d'Familljennimm (pl.)	le nom de famille
gläichfalls	de même, pareillement
gutt	bien, bon

CHAPITRE 1 — BEGRÉISSUNGEN / SALUTATIONS, PRÉSENTATIONS

heeschen, geheescht (hunn)	s'appeler
hei	ici
jo	oui
d'Kéier (f.), d'Kéieren (pl.)	la fois
de Kolleeg (m.), d'Kolleegen (pl.)	le collègue
kommen*, komm (sinn)	venir
de Mëtteg (m.), d'Mëtteger (pl.)	l'(après-)midi
de Moien (m.), d'Moienter (pl.)	le matin
moien	bonjour, salut
nee/neen	non
d'Nuecht (f.), d'Nuechten (pl.)	la nuit
den Numm (m.), d'Nimm (pl.)	le nom
d'Nummer (f.), d'Nummeren (pl.)	le numéro
op	à, dans
den Owend (m.), d'Owenter (pl.)	le soir, la soirée
schaffen, geschafft (hunn)	travailler
schéin	beau
schwätzen, geschwat (hunn)	parler
sinn*, gewiescht (sinn)	être
d'Stad (f.), d'Stied (pl.)	la ville
de Virnumm (m.), d'Virnimm (pl.)	le prénom
vu wou?	d'où ?
vun	de (origine, ville)
wat?	que, quoi ?
wat fir?	quel(s), quelle(s) ?
wou?	où ?
wunnen, gewunnt (hunn)	habiter
zu	à (ville)

Expressions clés

• **Les questions**

Wéi heescht Dir?
Comment vous appelez-vous ?

Wou wunnt Dir?
Où habitez-vous ?

Wou schafft Dir?
Où travaillez-vous ?

Wat schafft Dir?
Quelle est votre profession ?

Vu wou kommt Dir?
D'où venez-vous ?

Wat fir Sprooche schwätzt Dir?
Quelles langues parlez-vous ?

Ass Paul **Äre Virnumm** oder **Äre Familljennumm**?
Est-ce que Paul est votre prénom ou votre nom de famille ?

Wéi geet et Iech? Gutt, an Iech?
Comment allez-vous ? Bien, et vous ?

An, wéi ass et? Et geet. A bei Iech?
Alors, comment ça va ? Ça va, et vous ?
(La seconde formulation est moins formelle.)

• Les présentations

Mäin Numm ass Antonia Gardella.
Mon nom est Antonia Gardella.

Ech sinn de François Pesch.
Je suis François Pesch.

• Les salutations

Tout au long de la journée, on peut saluer par « Moien » (*matin*), qui est néanmoins un peu familier – tout comme l'est « *salut* », « *bonjour* » étant plus formel.

Si on veut être un peu **plus précis**, on salue par « Gudde Moien » (littéralement : *bon matin*), « Gudde Mëtteg » (*bon midi*) ou « Gudden Owend » (*bon soir*).

Pour **prendre congé**, « äddi », « awuer » ou « awar » (ils se distinguent seulement par une petite différence dans la prononciation) sont d'usage. On peut aussi souhaiter à quelqu'un une bonne journée en se quittant par « Schéinen Dag » (*bonne journée*) ou, lorsqu'il fait nuit, lui souhaiter « Gutt Nuecht » (*bonne nuit*).

CHAPITRE 1 BEGRÉISSUNGEN / SALUTATIONS, PRÉSENTATIONS

Exercices

Exercice n° 1

Complétez les phrases par les mots de l'encadré :

Moien, ... geet et? ...., an Iech?
.... wunnt Dir? .... der Stad.
Kommt Dir .... Frankräich? ...., ech kommen aus Italien.
Schafft Dir ....? ...., schonn 3 Joer.
Ech .... de Paul, ech .... Lëtzebuergesch.

---
an / aus / gutt / hei / jo / nee / schwätze(n) / sinn / wéi / wou

Exercice n° 2

Avec ou sans « n » ? Enlevez tous les « n » de trop.

Moien, ech heeschen Paul, ech wunnen an der Stad.
Ech schaffen bei der Firma Globalux zu Esch.
Ech schwätzen Lëtzebuergesch, Däitsch, Englesch an Franséisch.
Gudden Moien, Här Pesch. Wéi ass Ären Virnumm?
Ech heeschen Gilles Pesch. Ech schaffen och hei, an ech wunnen och hei zu Esch.

Exercice n° 3

Den, **de** ou **d'** ? Choisissez le bon article pour chaque prénom.

...... Isabelle	...... Antoine	...... Ivan
...... Claude	...... Théo	...... Frank
...... Serge	...... Luc	...... Yann
...... Maurice	...... Marie	...... Joëlle
...... Claire	...... Louis	...... Pierre

Exercice n° 4

Quelle langue parle-t-on dans quel pays ? Faites les bonnes associations.

Ech kommen aus	**Ech schwätze(n)**
1. Däitschland	.... Chineesesch
2. Frankräich	.... Spuenesch
3. England	.... Polnesch
4. Italien	.... Dänesch
5. Spuenien	.... Englesch
6. China	.... Italieenesch
7. Portugal	.... Franséisch
8. Russland	.... Portugisesch
9. Dänemark	.... Däitsch
10. Polen	.... Russesch

– Et vous souhaitez rester longtemps parmi nous jeune homme ?
– Et tu pars quand en retraite mon vieux ?

CHAPITRE 2

Duzen an dierzen
Tutoiement et vouvoiement

OBJECTIFS

- Utiliser de façon appropriée le tutoiement et le vouvoiement selon l'interlocuteur
- Proposer de tutoyer quelqu'un

CHAPITRE 2 — DUZEN AN DIERZEN / TUTOIEMENT ET VOUVOIEMENT

FRANÇAIS

Dialogue 1

Monsieur Scholtes : *Voilà, madame Gardella. Vous avez vu tous les bureaux, il y a juste votre collègue, Paul Majerus, qui n'est pas là aujourd'hui.*

Madame Gardella : *Oui, monsieur Scholtes. Je vous remercie de la visite. Je verrai certainement monsieur Majerus demain.*

Monsieur Scholtes : *Oui, certainement. Avez-vous encore des questions ?*

Madame Gardella : *Non, ou si, peut-être une : quand prenez-vous votre pause de midi ? Je pourrais éventuellement déjeuner avec les collègues.*

Monsieur Scholtes : *Ça, c'est une bonne idée. De cette façon, vous pourrez encore mieux faire connaissance. Mais la pause de midi est variable. Il faut que vous voyiez avec vos collègues.*

Madame Gardella : *Oui, ce n'est pas urgent.*

Monsieur Scholtes : *Alors à demain, madame Gardella, je vous souhaite une bonne première journée de travail.*

Madame Gardella : *Merci, c'est gentil. Alors, à demain.*

Dialog 1

Här Scholtes: Sou, Madamm Gardella. Lo hutt Dir d'Büroen all gesinn, just Äre Kolleeg, de Paul Majerus ass haut net do.

Madamm Gardella: Jo, Här Scholtes. Ech soen Iech villmools merci fir d'Visitt. Ech gesinn den Här Majerus da sécher muer.

Här Scholtes: Jo, bestëmmt. Hutt Dir nach Froen?

Madamm Gardella: Nee, am Fong net, just vläicht: Wéini maacht Dir normalerweis Mëttespaus hei? Vläicht kann ech mol mat de Kolleegen iesse goen.

Här Scholtes: Also, dat ass eng gutt Iddi. Sou léiert Dir Iech besser kennen. Mee d'Mëttespaus hei ass variabel. Dir musst dat mat de Kolleege kucken.

Madamm Gardella: Jo, dat presséiert jo net.

Här Scholtes: Bis muer dann, Madamm Gardella, ech wënschen Iech e gudden éischte Schaffdag.

Madamm Gardella: Merci, dat ass léif. Bis muer dann.

CHAPITRE 2 **DUZEN AN DIERZEN** / TUTOIEMENT ET VOUVOIEMENT

Dialogue 2

Madame Gardella : Bonjour, je suis Antonia Gardella. Je travaille aussi dans ce bureau, je remplace madame Faber.

Monsieur Majerus : Ah, bonjour Antonia. Moi, c'est Paul.

Madame Gardella : Enchantée. Vous étiez en congé hier, et aujourd'hui, c'est ma première journée de travail.

Monsieur Majerus : Mais oui, vous allez voir : travailler ici est très agréable.

Madame Gardella : Oui, j'ai vu. Vous êtes une chouette équipe.

Monsieur Majerus : Oui, et on se tutoie tous. Bon, ce n'est que votre première journée, mais pouvons-nous nous tutoyer ? On travaille mieux comme ça.

Madame Gardella : Oui, pas de problème. Vous pouvez me dire « tu ».

Monsieur Majerus : Tu veux dire : " tu peux me dire « tu » " ?

Madame Gardella (en riant) : Ah oui, bien sûr. Et de quoi s'occupe-t-on en premier ?

Monsieur Majerus : Eh bien, tu peux commencer par ces dossiers-ci…

Dialog 2

Madamm Gardella: Moien, ech sinn d'Antonia Gardella. Ech schaffen elo och hei am Büro, ech ersetzen d'Madamm Faber.

Här Majerus: A, Moien Antonia. Ech sinn de Paul.

Madamm Gardella: Enchantéiert. Dir hat gëschter Congé, an haut ass mäin éischte Schaffdag.

Här Majerus: Ma jo, mee Dir wäert gesinn: Et ass ganz agreabel hei ze schaffen.

Madamm Gardella: Jo, ech hu gesinn. Dir sidd hei eng ganz flott Ekipp.

Här Majerus: Jo, a mir duzen eis och all. Bon, et ass zwar eréischt Ären éischten Dag, mee kënne mir eis och duzen? Da schafft et sech besser.

Madamm Gardella: Jo, kee Problem, Dir kënnt roueg «du» zu mir soen.

Här Majerus: Du mengs, du kanns roueg «du» zu mir soen.

Madamm Gardella (laacht): A jo, natierlech. A wat kucke mer elo als éischt?

Här Majerus: Ma hei, du kanns mat dësen Dossieren ufänken…

CHAPITRE 2 — DUZEN AN DIERZEN / TUTOIEMENT ET VOUVOIEMENT

Vocabulaire

besser
mieux

bestëmmt
certainement

Congé hunn, am Congé sinn
être en congé

dierzen, gedierzt (hunn)
vouvoyer

do
là

duzen, geduuzt (hunn)
tutoyer

éischten
premier

ersetzen, ersat (hunn)
remplacer

gëschter
hier

gesinn*, gesinn (hunn)
voir

haut
aujourd'hui

hei
ici

Grammaire

Les pronoms

→ Le tutoiement (« duzen ») se fait à la 2e personne du singulier : **du** ; le vouvoiement (« dierzen ») à la 2e personne du pluriel : **Dir**. Il va de soi que la 2e personne du pluriel exprime aussi un pluriel de personnes que l'on tutoie ou de personnes que l'on vouvoie. S'il s'agit d'un vouvoiement (d'une ou de plusieurs personnes), le pronom s'écrit avec une majuscule.

→ Comme tous les autres pronoms, les pronoms **du** et **dir/Dir** se déclinent selon les cas. Attention ! Il peut y avoir confusion à cause de l'identité de différents pronoms, comme le montre le tableau ci-dessous.

nominatif	accusatif	datif
du	dech	**dir**
Dir/dir	Iech/iech	Iech/iech

Conjugaison

Les verbes signalés par un * dans la liste du vocabulaire sont irréguliers à l'indicatif présent. Leurs formes irrégulières sont détaillées ci-dessous.

	kënnen (pouvoir)	**maachen** (faire)	**soen** (dire)	**hunn** (avoir)	**gesinn** (voir)
ech	kann	maachen	soen	hunn	gesinn
du	kanns	méchs	sees	hues	gesäis
hien/si/hatt	kann	mécht	seet	huet	gesäit
mir	kënnen	maachen	soen	hunn	gesinn
Dir/dir	kënnt	maacht	sot	hutt	gesitt
si	kënnen	maachen	soen	hunn	gesinn

Vocabulaire

Expressions clés

• **Le tutoiement**

Kënne mir eis duzen? Kënne mir «du» soen?
Pouvons-nous nous tutoyer ? Pouvons-nous dire « tu » ?

C'est ainsi que l'on demande la permission de tutoyer quelqu'un. En général, c'est l'aîné qui propose le tutoiement au plus jeune. Au travail, il est fréquent que les collègues se tutoient entre eux, mais cela dépend aussi de la hiérarchie interne. En famille et entre amis, le tutoiement est d'usage.

Exercices

Exercice n° 1

Complétez par **du** ou **Dir**, suivant la terminaison du verbe.

Kënns .... aus Italien oder aus Portugal?
Kënnt .... muer an de Büro kommen?
Wat maacht .... den Owend?
Wat sees ....?
Hutt .... haut Congé?

Exercice n° 2

Conjuguez :

Wat .... du de Weekend? (maachen)
Vu wou .... Dir? (kommen)
.... du muer schaffe kommen? (kënnen)
.... Dir haut Congé? (hunn)
.... dir den Owend d'Tëlee? (kucken)
.... du de Chef de Mëtteg? (gesinn)
Wéi .... Dir? (heeschen)
.... du och an der Stad? (wunnen)
.... dir all um Büro? (schaffen)

Vocabulaire

hunn*, gehat (hunn)
avoir

kënnen*, kënnen (hunn)
pouvoir

kucken, gekuckt (hunn)
regarder

maachen*, gemaach (hunn)
faire

d'Mëttespaus (f.), d'Mëttespausen (pl.)
la pause de midi

muer
demain

normalerweis
normalement

de Schaffdag (m.), d'Schaffdeeg (pl.)
la journée de travail

sécher
certainement

soen*, gesot (hunn)
dire

wënschen, gewënscht (hunn)
souhaiter

u/fänken, ugefaang (hunn)
commencer

villmools Merci
merci beaucoup

vläicht
peut-être

– Faites un peu de place pour ma valise !
– Aïe ! Excusez-moi !

CHAPITRE 3

Entschëllegungen
Excuses

OBJECTIFS

- S'excuser de ne pas bien parler ou comprendre la langue
- Demander de parler plus lentement
- Demander de répéter

CHAPITRE 3 — ENTSCHËLLEGUNGEN / EXCUSES

Excuses

Monsieur : Bonjour madame, pourriez-vous me dire où se trouve la rue de la Gare ?

Madame : Excusez-moi, mais je ne comprends pas bien le luxembourgeois.

Monsieur : Ah bon, pas de problème. Où se trouve la rue de la Gare, s'il vous plaît ?

Madame : Je suis désolée, mais je ne parle pas non plus bien le luxembourgeois.

Monsieur : Pas de problème, essayez simplement.

Madame : Pardon ? Je ne vous comprends pas.

Monsieur : Allez-y tout simplement, les fautes ne sont pas un problème.

Madame : Que dites-vous ? Pourriez-vous répéter, s'il vous plaît ?

Monsieur : Ne vous faites pas de soucis, je vous comprendrai.

Madame : Pouvez-vous parler plus lentement, s'il vous plaît ?

Monsieur (très lentement) : Parlez simplement luxembourgeois, essayez…

Madame : Pouvez-vous répéter, s'il vous plaît ?

Monsieur : Parlez simplement luxembourgeois, essayez …

Madame : C'est si difficile ! Je ne l'apprends que depuis deux semaines. Pouvons-nous parler français, s'il vous plaît ?

Monsieur : Pardon ? Je ne vous comprends pas.

Madame : Pouvons-nous parler français, s'il vous plaît ?

Monsieur : Hmmm, bien, je vais parler luxembourgeois, et vous français.

Entschëllegungen

Monsieur: Bonjour Madamm, kéint Dir mir soen, wou d'Garer Strooss ass?

Madamm: Entschëllegt, mee ech verstinn net gutt Lëtzebuergesch.

Monsieur: A sou, kee Problem. Wou ass d'Garer Strooss, wannechgelift?

Madamm: Et deet mir leed, mee ech schwätzen och net gutt Lëtzebuergesch.

Monsieur: Kee Problem, probéiert einfach.

Madamm: Watgelift? Ech verstinn Iech net.

Monsieur: Schwätzt einfach drop lass, Feeler si kee Problem.

Madamm: Wat sot Dir? Nach eng Kéier, wannechgelift.

Monsieur: Maacht Iech keng Gedanken, ech verstinn Iech schonn.

Madamm: Kënnt Dir méi lues schwätzen, wannechgelift?

Monsieur (ganz lues): Schwätzt einfach Lëtzebuergesch, probéiert…

Madamm: Kënnt Dir widderhuelen, wannechgelift?

Monsieur: Schwätzt einfach Lëtzebuergesch, probéiert…

Madamm: Dat ass sou schwéier! Ech léieren eréischt zwou Wochen. Pouvons-nous parler français, s'il vous plaît ?

Monsieur: Watgelift? Ech verstinn Iech net.

Madamm: Kënne mir Franséisch schwätzen, wannechgelift?

Monsieur: Hmmm, gutt, ech schwätze Lëtzebuergesch an Dir Franséisch.

CHAPITRE 3   ENTSCHËLLEGUNGEN / EXCUSES

Grammaire

La forme impérative

L'impératif à la 2e personne du singulier se forme de la façon suivante : radical du verbe, sans pronom ni terminaison.

schaffen → Schaff!   kommen → Komm!
kucken → Kuck!   maachen → Maach!
soen → So!

Le luxembourgeois connaît quelques formes irrégulières, dont celles des verbes **sinn**, **hunn** et **goen** :

hunn → Hief!   sinn → Sief!   goen → Géi!

L'impératif à la 2e personne du pluriel se forme de la façon suivante : verbe conjugué à la 2e personne du pluriel, sans pronom.

schaffen → Schafft!   kommen → Kommt!
kucken → Kuckt!   maachen → Maacht!
soen → Sot!   hunn → Hutt!
sinn → Sidd!   goen → Gitt!

Conjugaison

Les verbes signalés par un * dans la liste du vocabulaire sont irréguliers à l'indicatif présent. Leurs formes irrégulières sont détaillées ci-dessous.

	verstoen *(comprendre)*	**widderhuelen** *(répéter)*
ech	verstinn	widderhuelen
du	verstees	widderhëls
hien/si/hatt	versteet	widderhëlt
mir	verstinn	widderhuelen
Dir/dir	verstitt	widderhuelt
si	verstinn	widderhuelen

Vocabulaire

einfach	simple, simplement
entschëllegen, entschëllegt (hunn)	excuser
et deet mir leed	je suis désolé(e)
eréischt	seulement
de Feeler (m.), d'Feeler (pl.)	la faute
de Gedanken (m.), d'Gedanken (pl.)	la pensée, ici : le souci
keen, keng	pas de (négation de l'article indéfini)
d'Kéier (f.), d'Kéieren (pl.)	la fois
léieren, geléiert (hunn)	apprendre
lues	lent, lentement
méi	plus
nach	encore
nach eng Kéier	encore une fois
net	ne pas
och	aussi
och net	pas non plus
probéieren, probéiert (hunn)	essayer
de Problem (m.), d'Problemer (pl.)	le problème
schwéier	difficile
d'Strooss (f.), d'Stroossen (pl.)	la rue
sou	si, tellement
verstoen*, verstan (hunn)	comprendre
wannechgelift (wgl.)	s'il vous plaît, s'il te plaît
watgelift?	pardon ?
widderhuelen*, widderholl (hunn)	répéter
d'Woch (f.), d'Wochen (pl.)	la semaine

CHAPITRE 3 — ENTSCHËLLEGUNGEN / EXCUSES

Expressions clés

→ Pour s'excuser, on peut utiliser le verbe
« entschëllegen » à l'impératif :
Entschëllegt, mee ech verstinn net gutt.
Excusez-moi, mais je ne comprends pas bien.

→ Ce verbe sert aussi à interpeller quelqu'un :
Entschëllegt, Madamm, Monsieur,
wou ass d'Garer Strooss?
*Excusez-moi, madame, monsieur,
où se trouve la rue de la Gare ?*

Et deet mir leed
Je suis désolé(e)
exprime le regret.

→ Si l'on veut faire répéter son interlocuteur,
on peut lui demander :
Kënnt Dir dat widderhuelen, wannechgelift?
Pouvez-vous répéter, s'il vous plaît ?

ou un peu moins formel, car à l'impératif :
Widderhuelt, wannechgelift!
Répétez, s'il vous plaît !

ou encore :
Nach eng Kéier, wannechgelift.
Encore une fois, s'il vous plaît.

→ On peut aussi demander à son interlocuteur
de parler plus lentement :
Schwätzt **méi lues**, wannechgelift.
Parlez plus lentement, s'il vous plaît.

ou encore :
Net sou séier...
Pas si vite...

Les mots magiques **wannechgelift (wgl.)** ne devraient cependant manquer à aucune demande. L'expression peut aussi accompagner le geste de celui qui donne : « Hei ass Äre Courrier. wannechgelift. » *(Voici votre courrier. S'il vous plaît.)* Il ne faut d'ailleurs pas la confondre avec **watgelift?**, expression que l'on utilise si l'on n'a pas très bien compris ce que l'interlocuteur a dit et qui se traduit par : « *Pardon ?* »

Exercice

Exercice

Complétez les phrases par les mots ou expressions adéquats, en vous aidant de l'encadré.

A. Blablabla.
B. .... , mee .... , wat Dir sot.
A. Blablablabla.
B. Kënnt Dir dat .... , ... ?
A. Blablabla.
B. .... ? Schwätzt .... , wannechgelift.
A. Bla bla bla bla bla.
B. .... , wannechgelift.
A. Bla bla bla bla bla.
B. Kënnt Dir .... schwätzen, wannechgelift?
A. Blaaaablaaaablaaaa.
B. A, elo verstinn ech! .... !

---

ech verstinn net / entschëllegt / méi lues / nach eng Kéier / net sou séier villmools Merci! / wannechgelift / watgelift / widderhuelen

– Bonjour ! Je voudrais un renseignement...
– Les renseignements sont payants, monsieur !

CHAPITRE 4

Renseignementer
Renseignements

OBJECTIFS

- Utiliser des formules de politesse pour demander divers renseignements
- Demander de façon générale divers renseignements

CHAPITRE 4 — RENSEIGNEMENTER / RENSEIGNEMENTS

À la poste

Monsieur Kummer : Bonjour madame, puis-je vous aider ?

Madame Gardella : Oui, c'est pour avoir un raccord téléphonique et Internet avec une adresse e-mail.

Monsieur Kummer : Habitez-vous en ville ?

Madame Gardella : Non, à Esch.

Monsieur Kummer : Très bien, alors remplissez ce formulaire, s'il vous plaît. Et j'ai aussi besoin de votre carte d'identité. Avez-vous le Wi-Fi à la maison ?

Madame Gardella : Oui, nous l'avons. J'aimerais aussi savoir combien ça coûte.

Monsieur Kummer : Voici une liste de prix des différents abonnements. Quel nom aimeriez-vous avoir pour votre adresse e-mail @pt.lu ? Je dois vérifier si elle est encore disponible.

Madame Gardella : Nous aimerions avoir gardellafam@pt.lu.

Monsieur Kummer : Oui, pas de problème. Voilà, c'est tout. Nous vous appellerons sur votre téléphone portable pour fixer un rendez-vous pour l'installation.

Madame Gardella : D'accord, merci beaucoup, au revoir.

Op der Post

Här Kummer: Bonjour Madamm, kann ech Iech hëllefen?

Madamm Gardella: Jo, et ass fir en Telefons- an en Internetuschloss mat enger E-Mails-Adress ze kréien.

Här Kummer: Wunnt Dir an der Stad?

Madamm Gardella: Nee, zu Esch.

Här Kummer: An der Rei, da fëllt wgl. dëse Formulaire hei aus. An da brauch ech och nach Är Carte d'identité. Hutt Dir scho WiFi am Haus?

Madamm Gardella: Jo, dat hu mir. Ech géif och gär wëssen, wéi vill dat kascht.

Här Kummer: Hei hutt Dir eng Präislëscht mat de verschiddenen Abonnementer. Wat fir en Numm hätt Dir gär fir Är E-Mails-Adress @pt.lu? Ech muss kucken, ob deen nach fräi ass.

Madamm Gardella: Mir hätte gär gardellafam@pt.lu.

Här Kummer: Jo, dat ass kee Problem. Dat ass dann alles. Mir ruffen Iech um Handy un, fir e Rendez-vous fir d'Installatioun auszemaachen.

Madamm Gardella: An der Rei, villmools Merci, äddi.

CHAPITRE 4 — RENSEIGNEMENTER / RENSEIGNEMENTS

À la mairie

Madame Waltzing : *Bonjour monsieur, c'est pour quoi, s'il vous plaît ?*

Monsieur Seil : *Bonjour madame, j'ai quelques questions. Nous venons d'arriver dans la commune et notre fille sera scolarisée l'année prochaine au précoce*. Que dois-je faire ? Dois-je l'inscrire à l'école ?*

Madame Waltzing : *Pour le précoce, oui, mais nous enverrons un formulaire à toutes les familles concernées.*

Monsieur Seil : *Et les enfants doivent aller au précoce tous les jours ?*

Madame Waltzing : *Vous pouvez indiquer vos préférences sur le formulaire. L'enfant peut venir tous les jours, mais ce n'est pas une obligation. Vous devez cependant l'inscrire pour au moins trois jours par semaine.*

Monsieur Seil : *Ah, bien. Je verrai cela avec ma femme. J'aurais encore une question : nous avons un chien, faut-il le déclarer ?*

Madame Waltzing : *Ah oui, voici un formulaire à remplir.*

Monsieur Seil : *Très bien, et en ce qui concerne les poubelles ? Nous en avons une petite, et cela ne suffit pas.*

Madame Waltzing : *Nous avons aussi un formulaire pour cela, nous avons des formulaires pour tout. Vous les trouverez également sur Internet.*

Monsieur Seil : *Oui, et heureusement, ils sont tous aussi en français ! Merci, madame, à bientôt.*

*Le précoce est l'année scolaire facultative qui concerne les enfants de 3 ans au Luxembourg.

Op der Gemeng

Madamm Waltzing: Bonjour Monsieur, fir wat ass et, wgl.?

Här Seil: Bonjour Madamm, ma ech hunn e puer Froen. Mir sinn nei hei an der Gemeng an eist Meedche geet d'nächst Joer an d'Schoul, an de Precoce. Wat muss ech maachen? Muss ech hatt fir d'Schoul umellen?

Madamm Waltzing: Fir de Precoce, jo, mee mir schécken nach e Formulaire un all déi concernéiert Familljen.

Här Seil: Mussen d'Kanner dann all Dag an de Precoce?

Madamm Waltzing: Nee, mee Dir kënnt um Formulaire Är Preferenzen uginn. D'Kand kann all Dag kommen, mee dat ass net obligatoresch. Dir musst et awer fir op d'mannst dräi Deeg d'Woch aschreiwen.

Här Seil: A gutt, da kucken ech dat mat menger Fra. Ech hätt nach eng Fro: Mir hunn en Hond, muss ech deen umellen?

Madamm Waltzing: A jo, ech ginn Iech hei e Formulaire mat, fir auszefëllen.

Här Seil: An der Rei, a wéi ass et mat den Dreckskëschten? Mir hunn eng kleng an dat ass net genuch.

Madamm Waltzing: Dofir hu mir och e Formulaire, mir hu fir alles e Formulaire. Dir fannt si och um Internet.

Här Seil: Jo, an ee Gléck sinn si all och op Franséisch! Merci Madamm, a bis geschwënn.

Grammaire

Les verbes à particule séparable

Certains verbes sont précédés à l'infinitif d'une particule séparable qui, comme son nom l'indique, est séparée du verbe lorsque celui-ci est conjugué, par exemple à l'indicatif présent.
Dans les listes de vocabulaire, la particule est séparée du verbe proprement dit par un trait oblique.
Exemples :

aus/fëllen ➔ Ech fëllen de Formulaire aus.
Je remplis le formulaire.

u/ruffen ➔ Ech ruffen Iech um Handy un.
Je vous appelle sur le téléphone portable.
(Attention ! La particule est **un-**, le « n » disparaissant à l'infinitif à cause de la règle du **-n**.)

Conjugaison

Les verbes signalés par un * dans la liste du vocabulaire sont irréguliers à l'indicatif présent. Leurs formes irrégulières sont détaillées ci-dessous.

	brauchen *(avoir besoin de)*	**fannen** *(trouver)*	**kréien** *(recevoir)*	**mussen** *(devoir)*	**ruffen** *(appeler)*	**wëssen** *(savoir)*
ech	brauch	fannen	kréien	muss	ruffen	weess
du	brauchs	fënns	kriss	muss	riffs	weess
hien/si/hatt	brauch	fënnt	kritt	muss	rifft	weess
mir	brauchen	fannen	kréien	mussen	ruffen	wëssen
Dir/dir	braucht	fannt	kritt	musst	rufft	wësst
si	brauchen	fannen	kréien	mussen	ruffen	wëssen

Vocabulaire

d'Abonnement (n.), d'Abonnementer (pl.)	l'abonnement
all	tout, tous, chaque
alles	tout
aus/fëllen, ausgefëllt (hunn)	remplir
aus/maachen*, ausgemaach (hunn)	fixer
bis geschwënn	à bientôt
brauchen*, gebraucht (hunn)	avoir besoin de
concernéiert	concerné
d'Dreckskëscht (f.), d'Dreckskëschten (pl.)	la poubelle
e puer	quelques
ech géif gär (+ verbe à l'infinitif)	je voudrais, j'aimerais
ee Gléck	heureusement
d'E-Mails-Adress (f.), d'E-Mails-Adressen (pl.)	l'adresse e-mail
d'Famill (f.), d'Familljen (pl.)	la famille
fannen*, fonnt (hunn)	trouver
de Formulaire (m.), d'Formulairen (pl.)	le formulaire
d'Fra (f.), d'Fraen (pl.)	la femme, l'épouse
fräi	libre, disponible
d'Fro (f.), d'Froen (pl.)	la question
d'Gemeng (f.), d'Gemengen (pl.)	la commune, la mairie
genuch	assez
den Handy (m.), d'Handyen (pl.)	le téléphone portable
hei	ici
hëllefen, gehollef (hunn)	aider
den Hond (m.), d'Hënn (pl.)	le chien
d'Installatioun (f.), d'Installatiounen (pl.)	l'installation
d'Joer (n.), d'Joer (pl.)	l'an, l'année
d'Kand (n.), d'Kanner (pl.)	l'enfant
kaschten, kascht (hunn)	coûter
kleng	petit
kréien*, kritt (hunn)	avoir, recevoir
d'Meedchen (n.), d'Meedercher (pl.)	la fille
-mol	fois
mussen*, missen (hunn)	devoir, être obligé de
nächst	prochain
nei	nouveau, neuf

CHAPITRE 4 — **RENSEIGNEMENTER** / RENSEIGNEMENTS

ob (conjonction)	si
obligatoresch	obligatoire
op d'mannst	au moins, minimum
d'Präislëscht (f.), d'Präislëschten (pl.)	la liste de prix
de Precoce	le précoce
d'Preferenz (f.), d'Preferenzen (pl.)	la préférence
de Rendez-vous (m.), d'Rendez-vousen (pl.)	le rendez-vous
schécken, geschéckt (hunn)	envoyer
schonn	déjà
d'Schoul (f.), d'Schoulen (pl.)	l'école
u/mellen, ugemellt (hunn)	inscrire, déclarer
u/ruffen*, ugeruff (hunn)	appeler au téléphone
den Uschloss (m.), d'Uschlëss (pl.)	le raccord, le branchement
verschidden	divers, différents
wat fir een/eng?	quel/quelle ?
wéi vill?	combien ?
wëssen*, gewosst (hunn)	savoir
d'Woch (f.), d'Wochen (pl.)	la semaine

Conjugaison

hätt gär

ech	hätt gär
du	häss gär
hien/si/hatt	hätt gär
mir	hätte gär
Dir/dir	hätt gär
si	hätte gär

géif gär

ech	géif gär
du	géifs gär
hien/si/hatt	géif gär
mir	geife gär
Dir/dir	géift gär
si	geife gär

Expressions clés

→ **Ech hätt gär...**
→ **Ech géif gär...**

Les deux expressions (qui sont formées avec le conditionnel présent de « hunn » et de « ginn », voir conjugaison ci-contre) indiquent que l'on souhaite quelque chose.
« Ech hätt gär » s'utilise avec un substantif ou une subordonnée, « ech géif gär » est suivi d'un verbe :

Ech hätt gär e **Renseignement**.
Je voudrais un renseignement.

Ech hätt gär, **dass mäi Meedchen an de Precoce geet**.
Je voudrais que ma fille aille au précoce.

Ech géif gär mäin Hond **umellen**.
Je voudrais faire enregistrer mon chien.

Ech géif gär **wëssen**, wat dat kascht.
Je voudrais savoir combien ça coûte.

Wat hätt Dir gär?
Que voudriez-vous ?

Hätt Dir gär **e Formulaire** op Franséisch oder op Lëtzebuergesch?
Voudriez-vous un formulaire en français ou en luxembourgeois ?

Hätt Dir gär **eng** kleng oder eng grouss **Dreckskëscht**?
Voudriez-vous une petite ou une grande poubelle ?

Wat géift Dir gär **wëssen**?
Que voudriez-vous savoir ?

Géift Dir gär de Präis **wëssen**?
Voudriez-vous savoir le prix ?

Géift Dir gär d'Adress **wëssen**?
Voudriez-vous savoir l'adresse ?

Fir wat ass et?
C'est à quel sujet ?

Et ass fir e Renseignement.
C'est pour un renseignement.

Et ass fir en Internetuschloss.
C'est pour une connexion Internet.

Exercice

Exercice

Complétez par « hätt (gär) » ou « géif (gär) » en conjuguant correctement.

Ech .... gär eng nei Dreckskëscht.

.... Dir och gär en Handy mat Internet?

Ech .... gär wëssen, wou Dir wunnt.

Wat fir e Formulaire .... Dir gär?

Wou .... Dir gär wunnen?

Ech .... gär en Appartement an der Stad.

.... Dir gär Renseignementer iwwer de Präis?

Ech .... gär kucken, wou dat ass.

.... Dir gär den Hond umellen?

Ech .... Iech gär eppes froen.

– Rendez-vous à 11 h pour visiter l'appartement !
– D'accord ! Et après, je vous invite à déjeuner !

CHAPITRE 5

E Rendez-vous ausmaachen
(fir eng Wunneng kucken ze goen)

Rendez-vous
(pour visiter une location)

OBJECTIFS

- Indiquer le jour, le moment de la journée et l'heure pour fixer un rendez-vous
- Proposer un rendez-vous ou réagir à une demande de rendez-vous

CHAPITRE 5 — E RENDEZ-VOUS AUSMAACHEN / RENDEZ-VOUS

À l'agence immobilière

Monsieur Faber : Voilà donc notre offre pour les appartements et maisons qui correspondent à vos critères.

Madame Leick : Oui, c'est très intéressant. Il y a un appartement et deux maisons qui m'intéressent particulièrement. Ils sont bien situés, ont la bonne superficie et le prix du loyer est correct.

Monsieur Faber : Nous pouvons les visiter avec plaisir. L'appartement est occupé, mais ce n'est pas un problème. Et les maisons sont vides.

Madame Leick : D'accord, peut-être pouvons-nous commencer par la maison au Limpertsberg. C'est celle que je préfère.

Monsieur Faber : Quand cela vous conviendrait-il ? Plutôt en semaine ou le week-end, plutôt en journée ou le soir ?

Madame Leick : De préférence le week-end, l'après-midi. C'est là que mon mari et moi ne travaillons pas. Le soir, c'est trop tard, nous avons un petit enfant.

Monsieur Faber : Pas de problème, que diriez-vous de samedi prochain, 14 h 30 ? Rendez-vous sur place.

Madame Leick : D'accord, samedi prochain, c'est très bien.

Monsieur Faber : Peut-être aurons-nous le temps de visiter aussi la deuxième maison.

Madame Leick : Oui, ce serait bien. Pouvez-vous me redonner l'adresse exacte ?

An der Immobilienagence

Här Faber: Voilà, dat ass also eis Offer fir Wunnengen an Haiser fir Är Critèren.

Madamm Leick: Jo, dat ass ganz interessant. Do sinn een Appartement an zwee Haiser, déi mech besonnesch interesséieren. Si leie gutt, hunn déi richteg Gréisst an de Präis fir de Loyer ass och an der Rei.

Här Faber: Mir kënnen se gär eng Kéier kucke goen. D'Appartement ass bewunnt, mee dat ass kee Problem. An d'Haiser sinn eidel.

Madamm Leick: Jo, vläicht kënne mer mat deem Haus um Lampertsbierg ufänken. Dat hunn ech am léifsten.

Här Faber: Wéini geet et Iech dann? Léiwer an der Woch oder de Weekend, léiwer am Dag oder owes?

Madamm Leick: Am léifsten de Weekend, nomëttes. Da schaffe mäi Mann an ech net. Owes ass ze spéit, mir hunn e klengt Kand.

Här Faber: Kee Problem, wéi wär et dann nächste Samschdeg, um hallwer dräi? Rendez-vous op der Plaz.

Madamm Leick: Jo, nächste Samschdeg ass tipptopp.

Här Faber: Vläicht hu mir och nach Zäit, fir dat zweet Haus kucken ze goen.

Madamm Leick: Jo, dat wär flott. Dir gitt mir jo nach déi genau Adress?

CHAPITRE 5 — E RENDEZ-VOUS AUSMAACHEN / RENDEZ-VOUS

Vocabulaire

besser / *mieux*

am Dag / *en journée*

am léifsten / *de préférence*

d'Appartement (n.), d'Appartementer (pl.)
l'appartement

an der Woch / *en semaine*

Grammaire

Conjugaison

Les verbes signalés par un * dans la liste du vocabulaire sont irréguliers à l'indicatif présent. Leurs formes irrégulières sont détaillées ci-dessous.

	leien (être situé, être couché, être posé)	**ginn** (donner, devenir)	**goen** (aller)
ech	leien	ginn	ginn
du	läis	gëss	gees
hien/si/hatt	läit	gëtt	geet
mir	leien	ginn	ginn
Dir/dir	leit	gitt	gitt
si	leien	ginn	ginn

besonnesch
particulier, particulièrement

bewunnt
habité, occupé

de Critère (m.), d'Critèren (pl.)
le critère

eidel / *vide*

flott / *bien, chouette*

gär / *volontiers*

genau / *précis*

ginn*, ginn (hunn pour donner**, sinn** pour devenir**)**
donner, devenir

goen*, gaang(en) (sinn)
aller

d'Gréisst / *la taille,*
ici : la surface

d'Haus (n.), d'Haiser (pl.)
la maison

Vocabulaire

Expressions clés

• **gär, léiwer, am léifsten**

En absence d'un verbe propre pour exprimer « *aimer* », on utilise le verbe « hunn » suivi de l'adverbe « gär » :

   Ech **hunn** de Weekend **gär**.
   J'aime (bien) le week-end.

De même, pour exprimer que l'on aime faire quelque chose, on utilise le verbe en question suivi de l'adverbe « gär » :

   Ech **wunne gär** zu Lëtzebuerg.
   J'aime (bien) vivre au Luxembourg.

Pour exprimer une préférence, on utilise l'adverbe « léiwer » (en comparant) :

   Ech **komme léiwer** de Weekend (wéi an der Woch).
   Je préfère venir le week-end (plutôt qu'en semaine).

Pour exprimer ce que l'on aime le plus, on utilise « am léifsten » :
>Ech **hunn** d'Haus um Lampertsbierg **am léifsten**.
>*Je préfère la maison au Limpertsberg*
>(*dans le sens de : La maison au Limpertsberg est ma préférée*).

• Wéini geet et Iech?

Nous avons déjà vu :
>Wéi geet et Iech?
>*Comment allez-vous ?*

Ici, on demande le moment qui convient à l'interlocuteur. On pourrait rajouter « am beschten » (*le mieux*) pour exprimer « *Quand cela vous convient-il* **le mieux / le plus** *?* » :
>Wéini geet et Iech **am beschten**?

• Wéi wär et?

Pour proposer une date à son interlocuteur, on peut commencer la phrase par « Wéi wär et », « wär » étant le conditionnel du verbe « *être* ».
>Wéi wär et **e Samschdeg**?
>*Que diriez-vous de samedi ?*
>(littéralement : *Comment ce serait samedi ?*)

Les nombres

1	eent*	11	eelef	21	eenanzwanzeg
2	zwee*	12	zwielef	22	zweeanzwanzeg
3	dräi	13	dräizéng	23	dräianzwanzeg
4	véier	14	véierzéng	24	véieranzwanzeg
5	fënnef	15	fofzéng	25	fënnefanzwanzeg
6	sechs	16	siechzéng	26	sechsanzwanzeg
7	siwen	17	siwwenzéng	27	siwenanzwanzeg
8	aacht	18	uechtzéng	28	aachtanzwanzeg
9	néng	19	nonzéng	29	nénganzwanzeg
10	zéng	20	zwanzeg	30	drësseg

Vocabulaire

interessant / *intéressant*

interesséieren, interesséiert (hunn) *intéresser*

leien*, geleeën (hunn) *être situé, couché, posé*

de Loyer (m.), d'Loyeren (pl.) *le loyer*

mëttes (adv.) / *l'(après)-midi*

moies (adv.) / *le matin*

nomëttes (adv.) *l'après-midi*

nuets (adv.) / *la nuit*

och / *aussi*

d'Offer (f.), d'Offeren (pl.) *l'offre*

op der Plaz / *sur place*

owes (adv.) / *le soir*

de Präis (m.), d'Präisser (pl.) *le prix*

richteg / *correct, approprié*

Samschdeg / *samedi*

spéit / *tard*

tipptopp / *très bien*

de Weekend (m.), d'Weekender (pl.) *le week-end*

wéini? / *quand ?*

d'Wunneng (f.), d'Wunnengen (pl.) *l'habitation, l'appartement*

d'Zäit (f.), d'Zäiten (pl.) *le temps, l'horaire*

zweet / *deuxième*

CHAPITRE 5 — E RENDEZ-VOUS AUSMAACHEN / RENDEZ-VOUS

Wéi vill Auer ass et? Et ass…

Quelle heure est-il ?
Il est…

2.00	zwou Auer
2.05	fënnef op zwou
2.10	zéng op zwou
2.15	Véierel op zwou
2.20	zwanzeg op zwou
2.25	fënnef vir hallwer dräi
2.30	hallwer dräi
2.35	fënnef op hallwer dräi
2.40	zwanzeg vir dräi
2.45	Véierel vir dräi
2.50	zéng vir dräi
2.55	fënnef vir dräi
3.00	dräi Auer
12.00	Mëtteg
0.00	Hallefnuecht

40	véierzeg	300	dräihonnert
50	fofzeg	1000	dausend
60	siechzeg oder sechzeg	1100	dausendeenhonnert
70	siwwenzeg	2000	zweedausend
80	uechtzeg oder achtzeg	100 000	honnertdausend
90	nonzeg	1 000 000	eng Millioun
100	honnert oder eenhonnert	2 000 000	zwou Milliounen
200	zweehonnert	1000 000 000	eng Milliard

* Pour indiquer l'heure, on dit : « Et ass **eng** Auer, et ass **zwou** Auer. »
(Il est 1 heure, il est 2 heures.)

Indiquer l'heure

→ Pour connaître l'heure, on demande :
Wéi vill Auer ass et? ou : **Wéi spéit ass et?**
Quelle heure est-il ?
Réponse : Et ass eng, zwou, dräi… Auer.
Il est 1, 2, 3… heures.

→ Pour savoir à quelle heure un événement se passe, on demande :
Ëm (um)* wéi vill Auer ass de Rendez-vous?
À quelle heure est le rendez-vous ?
De Rendez-vous ass ëm zwou Auer.
Le rendez-vous est à 2 heures.

* **Ëm** et **um** sont deux variantes équivalentes.

En général, on indique l'heure de 1 à 12 ; au lieu de dire « Il est 15 heures », on dit « Et ass 3 Auer (nomëttes) » ; si le contexte ne permet pas de savoir s'il s'agit du matin, de l'après-midi, du soir ou de la nuit, on précise la partie de la journée :

Den Depart ass um 11 Auer owes.
Le départ est à 11 heures du soir. (Donc à 23 heures.)

De Rendez-vous ass um 2 Auer.
Le rendez-vous est à 2 heures. (14 heures)

Comment dit-on l'heure en luxembourgeois ? Les minutes sont indiquées avant les heures. À partir de .25 (25 minutes), on indique l'heure qui suit, donc 2.25 correspond à : **fënnef vir hallwer dräi**.

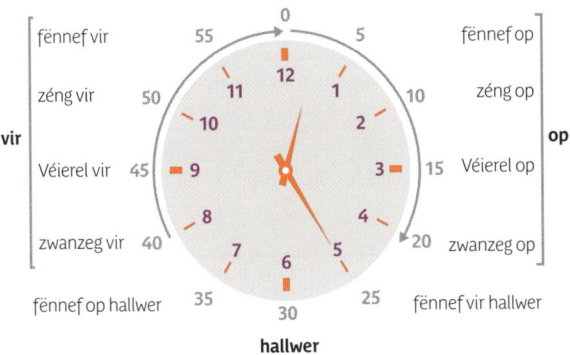

Les jours de la semaine

Pour indiquer le jour, on utilise :
→ le nom du jour précédé de l'article indéfini :
  Mir hunn e Mëttwoch e Rendez-vous.
  Nous avons rendez-vous ce mercredi.

  Mir ginn en Donneschdeg d'Haus kucken.
  Nous allons visiter la maison jeudi.

→ ou sa forme adverbiale :
  Mir hu mëttwochs e Rendez-vous.
  Mir ginn donneschdes d'Haus kucken.

La forme adverbiale peut aussi signifier une régularité (tous les mercredis, par exemple).

Indiquer une partie du jour

Pour indiquer la partie de la journée, on utilise :
→ le nom de la partie de la journée précédé de l'article défini :
  Mir ginn den Owend d'Haus kucken.
  Nous allons visiter la maison ce soir.

→ ou sa forme adverbiale (avec une légère différence de sens) :
  Mir ginn owes d'Haus kucken.
  Nous allons visiter la maison le soir (sans préciser si c'est ce soir ou un autre soir).

La forme adverbiale peut aussi signifier une régularité (tous les soirs, par exemple).

Jours de la semaine

Méindeg / *lundi*
adverbe : méindes

Dënschdeg / *mardi*
adverbe : dënschdes

Mëttwoch / *mercredi*
adverbe : mëttwochs

Donneschdeg / *jeudi*
adverbe : donneschdes

Freideg / *vendredi*
adverbe : freides

Samschdeg / *samedi*
adverbe : samschdes

Sonndeg / *dimanche*
adverbe : sonndes

CHAPITRE 5 — E RENDEZ-VOUS AUSMAACHEN / RENDEZ-VOUS

En combinaison avec les adverbes « haut » *(aujourd'hui)*, « muer » *(demain)* ou avec un jour de la semaine, on utilise le nom de la partie de la journée précédé de l'article défini ; avec « gëschter » *(hier)*, on n'utilise pas l'article défini (gëschter Owend).

Mir hunn haut den Owend e Rendez-vous.
Nous avons rendez-vous ce soir.
(Ici, on pourrait se passer de « haut ».)

Mir ginn e Samschdeg de Mëtteg d'Haus kucken
Nous allons visiter la maison samedi après-midi.

Exercices

Exercice n° 1
Quelle heure est-il ? Écrivez en lettres :

15.05 Et ass…
17.15
18.25
3.10
7.50
6.35
9.40
16.45
13.20
1.30
12.55
0.00

Exercice n° 2
Wéi vill Auer ass et? Écrivez en chiffres.
Exemple : Et ass fënnef op hallwer sechs owes = **17.35**
zéng vir aacht moies
fënnef op siwen owes
hallwer zéng owes
zéng op aacht moies
Mëtteg

Véierel op sechs moies _____
Véierel vir zéng moies _____
zwanzeg vir fënnef nomëttes _____
zwanzeg op fënnef moies _____
fënnef op hallwer aacht moies _____
zéng vir véier nomëttes _____
fënnef vir hallwer fënnef moies (nuets) _____
fënnef vir zéng owes _____

Exercice n° 3

Cochez la phrase correcte.

1.
- [ ] Haut moies hu mir e Rendez-vous.
- [ ] Haut Moien hu mir e Rendez-vous.
- [ ] Haut de Moien hu mir e Rendez-vous.

2.
- [ ] Freides moies hunn ech am léifsten.
- [ ] De Freideg moies hunn ech am léifsten.
- [ ] Freideg am Moien hunn ech am léifsten.

3.
- [ ] Mir schaffen am Weekend net.
- [ ] Mir schaffen de Weekend net.
- [ ] Mir schaffen e Weekend net.

4.
- [ ] Geet et lech am Dag?
- [ ] Geet et lech en Dag?
- [ ] Geet et lech den Dag?

5.
- [ ] Mir ginn en donneschdes d'Haus kucken.
- [ ] Mir ginn donneschdes d'Haus kucken.
- [ ] Mir ginn den Donneschdes d'Haus kucken.

II

Administrativ Froen

Questions administratives

– Mais dites-moi, combien en avez-vous donc ?

CHAPITRE 6

Op der Gemeng
À la mairie

OBJECTIFS

- Savoir donner des explications circonstanciées relatives à soi
- Savoir interagir dans le cadre de démarches administratives

CHAPITRE 6 — OP DER GEMENG / À LA MAIRIE

À la mairie

Employé : *Bonjour, puis-je vous aider ?*

Madame Lefrançois : *Bonjour, j'ai récemment déménagé au Luxembourg et je souhaiterais m'inscrire.*

Employé : *Vous habitez bien à Luxembourg-ville ?*

Madame Lefrançois : *Oui, j'habite la rue des Prés, au numéro 37. Je loue un appartement au deuxième étage.*

Employé : *Quelle est votre profession ?*

Madame Lefrançois : *Je travaille comme secrétaire de direction dans une banque.*

Employé : *Pourrais-je avoir votre carte d'identité ou votre passeport, s'il vous plaît ?*

Madame Lefrançois : *Oui, la voici.*

Employée : *Je vous donne des formulaires à remplir. N'oubliez pas de faire une demande d'obtention de carte de séjour.*

Madame Lefrançois : *Vais-je obtenir un certificat de résidence ?*

Employé : *Oui, dès que je récupérerai ces formulaires. Voici également une liste de toutes les démarches qu'il faut faire si l'on vient habiter au Luxembourg.*

Madame Lefrançois : *Merci.*

Employé : *Si vous avez des questions, n'hésitez à revenir ou à téléphoner !*

Madame Lefrançois : *Je le ferai. Merci de votre aide !*

Op der Gemeng

Beamten: Moien, wéi kann ech Iech hëllefen?

Madamm Lefrançois: Moien, ech si viru Kuerzem op Lëtzebuerg geplënnert an ech wéilt mech umellen.

Beamten: Dir wunnt jo an der Stad?

Madamm Lefrançois: Jo, ech wunnen an der rue des Prés, Nummer 37. Ech lounen en Appartement um zweete Stack.

Beamten: Wat schafft Dir?

Madamm Lefrançois: Ech schaffen als Direktiounssekretärin op enger Bank.

Beamten: Kéint ech Är Carte d'identité oder Äre Pass wannechgelift kréien?

Madamm Lefrançois: Jo, hei ass se.

Beamten: Ech ginn Iech Formulairen, déi auszefëlle sinn. Vergiesst och net, eng Demande ze maachen, fir eng Carte de séjour ze kréien.

Madamm Lefrançois: Kréien ech e Residenzschäin?

Beamten: Jo, esoubal ech dës Formulairen ëremkréien. Hei ass och eng Lëscht mat all deenen Demarchen, déi ee muss maachen, wann een op Lëtzebuerg wunne kënnt.

Madamm Lefrançois: Merci.

Beamten: Wann Dir Froen hutt, zéckt net, nach eng Kéier ze kommen oder unzeruffen!

Madamm Lefrançois: Maachen ech. Merci fir Är Hëllef!

CHAPITRE 6 OP DER GEMENG / À LA MAIRIE

Vocabulaire

eng administrativ Demarche (f.)
une démarche administrative

aus/fëllen, ausgefëllt (hunn)
remplir (un formulaire)

d'Demarche (f.), d'Demarchen (pl.)
la démarche

eng beglaubegt Copie (f.), eng Copie conforme (f.)
une copie certifiée conforme

d'Copie (f.), d'Copien (pl.)
la copie

d'Carte d'identité (f.), d'Carte-d'identitéen (pl.)
la carte d'identité

d'Carte de séjour (f.), d'Carte-de-séjouren (pl.), d'Openhaltsgeneemegung (f.), d'Openthaltsgeneemegungen (pl.)
la carte de séjour

d'Dokument (n.), d'Dokumenter (pl.)
le document

erleedegen, erleedegt (hunn)
remplir, accomplir

d'Formalitéit (f.), d'Formalitéiten (pl.)
la formalité

Formalitéiten erleedegen
remplir des formalités

de Formulaire (m.), d'Formulairen (pl.)
le formulaire

e Formulaire aus/fëllen
remplir un formulaire

Grammaire

L'emploi des auxiliaires avoir et être au passé composé

→ Pour conjuguer un verbe au passé composé, on emploie l'auxiliaire **hunn** avec tous les verbes transitifs et les verbes pronominaux (au contraire du français qui utilise l'auxiliaire « être ») :

iessen *(manger)* : Hien huet en Apel giess.
Il a mangé une pomme.

sech iren *(se tromper)* : Ech hu mech geiert.
Je me suis trompé.

→ Pour conjuguer un verbe au passé composé, on emploie l'auxiliaire **sinn** avec les verbes qui, à la fois, sont intransitifs (sans complément direct à l'accusatif) et expriment un mouvement, une direction, un changement :

plënneren *(déménager)* : Ech si geplënnert.
J'ai déménagé.

lafen *(courir)* : Ech si gelaf.
J'ai couru.

fort/fueren *(partir)* : De Bus ass um siwe fortgefuer.
Le bus est parti à 7 heures.

Le futur simple

→ En général, le luxembourgeois emploie l'indicatif présent accompagné d'une indication de temps pour exprimer le futur :

Si schaffen den nächste Mount net.
Ils ne travailleront pas le mois prochain.

Am August fueren ech an d'Vakanz.
Au mois d'août, je partirai en vacances.

→ **Attention à l'inversion (verbe + sujet) entraînée par la position initiale de l'indication de temps dans la phrase !**

Ech kafe **muer** en Auto.
J'achèterai demain une voiture.

Muer kafen ech en Auto.
Demain, j'achèterai une voiture.

Conjugaison

Les verbes signalés par un * dans la liste du vocabulaire sont irréguliers à l'indicatif présent. Leurs formes irrégulières sont détaillées ci-dessous.

	goen (aller)	**kréien** (obtenir)	**aus/fëllen** (remplir)	**u/ruffen** (appeler au téléphone)
ech	ginn	kréien	fëllen aus	ruffen un
du	gees	kriss	fëlls aus	riffs un
hien/si/hatt	geet	kritt	fëllt aus	rifft un
mir	ginn	kréien	fëllen aus	ruffen un
Dir/dir	gitt	kritt	fëllt aus	rufft un
si	ginn	kréien	fëllen aus	ruffen un

→ Certains verbes ont **une particule séparable** : ils sont formés d'un verbe (par exemple : « kommen », « fëllen », etc.) et d'un préverbe (« mat », « aus », etc.) qui en modifie le sens initial.

→ À l'infinitif, la particule est soudée au verbe, mais lorsque ce dernier est conjugué, le verbe reste à sa place et la particule se met à la fin de la phrase :
aus/fëllen *(remplir)* : Ech **fëllen** e Formulaire **aus**.
Je remplis un formulaire.
vir/stellen *(présenter)* : De Michael **stellt** mir seng Famill **vir**.
Michael me présente sa famille.
op/maachen *(ouvrir)* : De Concierge **mécht** eng Fënster **op**.
Le concierge ouvre une fenêtre.

CHAPITRE 6 — OP DER GEMENG / À LA MAIRIE

Vocabulaire

d'Gemeng (f.), d'Gemengen (pl.)
la mairie

de Justificatif (m.), d'Justificatiffen (pl.)
le justificatif

d'Lëscht (f.), d'Lëschten (pl.)
la liste

lounen, gelount (hunn)
louer (locataire)

mat eppes (+ nom/verbe) u/fänken
commencer quelque chose

de Pass (m.), d'Päss (pl.)
le passeport

plënneren
déménager

de Residenzschäin (m.), d'Residenzschäiner (pl.)
le certificat de résidence

schaffen
travailler

sech installéieren
s'installer

u/mellen, ugemellt (hunn)
déclarer (domicile)

u/ruffen*, ugeruff (hunn), telefonéieren, telefonéiert (hunn)
appeler (téléphone)

verlounen, verlount (hunn)
louer (propriétaire)

wëlles hunn + infinitif
avoir l'intention de

wunnen, gewunnt (hunn)
habiter

Vocabulaire

Expressions clés

Voici quelques expressions idiomatiques courantes que vous pourrez réemployer dans des contextes semblables :

Bonjour, ech bräicht e Residenzschäin (e Gebuertsschäin).
Bonjour, j'aurais besoin d'un certificat de résidence (d'un acte de naissance).

Ech wëll mech op der Gemeng umellen.
Je veux déclarer mon domicile à la mairie.

Kéint Dir mir soen, wat fir eng Formulairen auszefëlle sinn?
Pourriez-vous me dire quels formulaires sont à remplir ?

Ech schaffen op enger Bank / als Sekretärin.
Je travaille dans une banque / comme secrétaire.

Ech wunnen + adresse.
J'habite (la rue… / au…).

Exercices

Exercice n° 1

En vous inspirant du vocabulaire de ce chapitre, imaginez une situation de communication similaire à celle du dialogue figurant au début de la leçon, en supposant qu'une personne désireuse de venir habiter au Luxembourg vous demande quelles sont les démarches administratives *ad hoc*. Inversez les rôles !

Exercice n° 2

Voici un entretien d'embauche dans lequel le demandeur d'emploi est amené à se présenter, à donner des explications sur les démarches administratives liées à son déménagement et sur son projet professionnel. Rétablissez l'ordre des répliques !

1. **Här Wohlfarth:** Ech hunn zwee Joer zu Metz als Magasinier geschafft, an ech si viru Kuerzem op Esch geplënnert. Ech komme vun Diddenuewen.

2. **Madamm Hoffmann:** Wann Dir alles hutt, rufft nach eng Kéier un an da kënne mir en Termin ausmaachen.

3. **Madamm Hoffmann:** Miwwel Hoffmann, Bonjour. Wéi kann ech lech hëllefen?

4. **Här Wohlfarth:** Jo, dat hunn ech scho gemaach. Ech hunn e Residenzschäin kritt, mee ech muss nach e puer Demarchë maachen.

5. **Här Wohlfarth:** An der Rei, maachen ech, bis geschwënn!

6. **Madamm Hoffmann:** Jo, effektiv, hutt Dir schonn Erfarung an deem Beräich? Vu wou sidd Dir, wann ech däerf froen?

7. **Madamm Hoffmann:** Hutt Dir lech schonn op der Gemeng ugemellt? Hutt Dir all déi néideg Pabeieren? Falls mir lech géifen astellen, bräichte mir all déi Dokumenter.

8. **Här Wohlfarth:** Bonjour, Marco Wohlfarth um Apparat. Ech ruffe wéinst der Annonce un. Dir sicht jo e Magasinier?

– Haut les mains ! C'est un hold-up !
– Ha ha ha ! Excusez-moi, mais votre accent est trop marrant !

CHAPITRE 7

Op der Bank
À la banque

OBJECTIF

- Savoir interagir dans un contexte de démarches bancaires
- Savoir donner des explications circonstanciées *ad hoc*

CHAPITRE 7 — OP DER BANK / À LA BANQUE

À la banque

Employée : Bonjour, en quoi puis-je vous aider ?

Monsieur Lepic : Bonjour, je souhaiterais ouvrir un compte.

Employée : Voulez-vous seulement ouvrir un compte courant ? Ou aussi un compte épargne ?

Monsieur Lepic : Oui, j'ai besoin de deux comptes. Avec le compte courant, je paierai les factures. Mon salaire y sera aussi viré.

Employée : Je vous donne ces formulaires qui sont à remplir et à signer pour ouvrir vos comptes. Avez-vous besoin d'une carte de crédit ?

Monsieur Lepic : Oui, d'une carte Visa. Quelles sont vos conditions ? J'ai aussi besoin d'une carte Bancomat afin de retirer de l'argent de mon compte courant.

Employée : Nos conditions sont actuellement avantageuses.

Monsieur Lepic : J'aurais aussi besoin d'un accès pour effectuer des opérations bancaires en ligne. C'est pratique !

Employée : Vous avez raison, grâce à cela, on peut gagner du temps, pas seulement de l'argent ! Pourrais-je avoir votre carte d'identité, s'il vous plaît ?

Monsieur Lepic : La voici.

Employée : Voici les formulaires.

Monsieur Lepic : Je vous remercie pour votre aide ! Au revoir !

Employée : Au revoir !

LUXEMBOURGEOIS

Op der Bank

Employée: Moien, wéi kann ech Iech hëllefen?

Här Lepic: Moien, ech wéilt e Kont opmaachen.

Employée: Wëllt Dir nëmmen e Compte courant opmaachen? Oder och e Spuerkont?

Här Lepic: Jo, ech bräicht déi zwee Konten. Mam Compte courant bezuelen ech d'Rechnungen. Meng Pai gëtt och drop iwwerwisen.

Employée: Ech ginn Iech déi heite Formulairen, déi auszefëllen an ze ënnerschreiwe sinn, fir Är Konten opzemaachen. Braucht Dir och eng Kreditkaart?

Här Lepic: Jo, eng Visaskaart. Wéi sinn Är Conditiounen? Ech bräicht och eng Bancomatskaart, fir Sue vu mengem Compte courant opzehiewen.

Employée: Mir hunn am Moment ganz gutt Conditiounen.

Här Lepic: Ech bräicht nach en Zougank fir den Onlinebanking. Et ass praktesch!

Employée: Dir hutt Recht, domat kann ee vill Zäit spueren, net nëmme Suen! Kéint ech Är Carte d'identité oder Äre Pass wannechgelift kréien?

Här Lepic: Jo, hei wannechgelift.

Employée: An hei sinn d'Formulairen.

Här Lepic: Ech soen Iech Merci fir Är Hëllef! Äddi!

Employée: Äddi!

CHAPITRE 7 — OP DER BANK / À LA BANQUE

Conjugaison

Les verbes signalés par un * dans la liste du vocabulaire sont irréguliers à l'indicatif présent. Leurs formes irrégulières sont détaillées ci-dessous.

bezuelen *(payer)*

ech	bezuelen
du	bezils
hien/si/hatt	bezilt
mir	bezuelen
Dir/dir	bezuelt
si	bezuelen

iwwerweisen *(virer)*

ech	iwwerweisen
du	iwwerweis
hien/si/hatt	iwwerweist
mir	iwwerweisen
Dir/dir	iwwerweist
si	iwwerweisen

léinen *(emprunter ou prêter)*

ech	léinen
du	léins
hien/si/hatt	léint
mir	léinen
Dir/dir	léint
si	léinen

Grammaire

L'expression de la cause et du but

→ En luxembourgeois, pour exprimer la cause (voir aussi le chapitre 19, p.166), on emploie la conjonction de subordination **well** *(parce que)* :

De Pierre kann net kommen, well hie krank ass.
Pierre ne peut pas venir parce qu'il est malade.

D'Marylène huet Verspéidung, well hatt am Stau war.
Marylène a du retard parce qu'elle était dans les embouteillages.

→ Il est également possible d'employer la préposition **wéinst** *(à cause de)*, suivie d'un groupe nominal au datif :

D'Marylène huet Verspéidung wéinst dem Stau.
Marylène a du retard à cause des embouteillages.

→ Pour exprimer le but, on utilise la conjonction de subordination **(fir) datt** *(pour que)* suivie de l'indicatif, employée avec une proposition dont le sujet est d'habitude différent de celui de la principale :

Hie schafft vill, (fir) datt seng Famill sech eng schéi Vakanz ka leeschten.
Il travaille beaucoup pour que sa famille puisse s'offrir de belles vacances.

→ Il est également possible d'employer une construction infinitive : **fir ... ze** quand la proposition qu'elle introduit a le même sujet que celui de la principale :

Ech maache meng Hausaufgaben, fir gutt Notten ze kréien.
Je fais mes devoirs afin d'obtenir de bonnes notes.

Le pronom-adjectif démonstratif

→ Le déterminant démonstratif s'emploie pour désigner quelque chose ou quelqu'un, ou pour reprendre un nom déjà cité. Le pronom démonstratif remplace un nom précédé d'un article démonstratif. Il se décline comme l'article tonique, ou bien comme l'article démonstratif, suivant la nuance que l'on souhaite apporter. Ainsi, la série **dësen (m.)**, **dës (f. et pl.)** et **dëst (n.)** *(celui-ci)*, qui exprime le rapprochement fonctionne en opposition à **deen (m.)**, **déi (f. et pl.)** et **dat (n.)** *(celui-là)*, qui expriment l'éloignement.

→ **Dësen, dës, dëst**

	Masculin	Féminin	Neutre	Pluriel
Nominatif	dësen	dës	dëst	dës
Datif	dësem	dëser	dësem	dësen
Accusatif	dësen	dës	dëst	dës

→ **Deen, déi, dat**

	Masculin	Féminin	Neutre	Pluriel
Nominatif	deen	déi	dat	déi
Datif	deem	där	deem	deenen
Accusatif	deen	déi	dat	déi

De Verkeefer seet zu sengem Client : « Dësen Desch ass méi bëlleg wéi deen do hannen. »
Le vendeur dit à son client : « Cette table-ci est moins chère que celle-là, au fond. »

→ Ces deux séries s'emploient aussi en opposition pour distinguer deux personnes ou deux objets dont il est question et qu'on a devant soi :

De Konschtprofesser freet seng Schüler: « Dir hutt zwee Tableaue virun iech, hutt dir dësen oder dee léiwer? »
Le professeur d'éducation artistique demande à ses élèves : « Vous avez deux tableaux devant vous, préférez-vous celui-ci ou celui-là ? »

→ Si on oppose deux personnes ou deux choses, on précise le pronom à l'aide des adverbes **hei** ou **elei** pour ce qui est plus proche, ou **do** ou **elo** pour ce qui est plus éloigné :

Wann deen Auto hei dir net gefält, da kaf deen do!
Si cette voiture-ci ne te plaît pas, alors achète celle-là !

Kaf déi Box hei an net déi do!
Achète ce pantalon-ci et non celui-là !

→ Ces adverbes sont souvent augmentés de la désinence **-ten** et sont soumis à la flexion, c'est-à-dire qu'ils se déclinent en s'accordant avec le terme qu'il complète :

Wann deen heite Pullover dir net gefält, da kaf dir deen doten!
Si ce pull-over-ci ne te plaît pas, alors achète celui-là !

CHAPITRE 7 — OP DER BANK / À LA BANQUE

Vocabulaire

a/bezuelen*, abezuelt (hunn)	verser (de l'argent)
de Compte courant (m.), d'Compte-couranten (pl.)	le compte courant
iwwerweisen, iwwerwisen (hunn)	faire un virement
de Kont (m.), d'Konten (pl.)	le compte
e Kont op/maachen*, zou/maachen*	ouvrir, fermer un compte
d'Kreditkaart (f.), d'Kreditkaarten (pl.)	la carte de crédit
op/hiewen, opgehuewen (hunn)	retirer (de l'argent)
op/maachen*, opgemaach (hunn)	ouvrir
d'Pai (f.), d'Paien (pl.)	le salaire
spueren, gespuert (hunn)	épargner, économiser
de Spuerkont (m.), d'Spuerkonten (pl.)	le compte épargne
de Virement (m.), d'Virementen (pl.), d'Iwwerweisung (f.), d'Iwwerweisungen (pl.)	le virement
per Virement bezuelen	payer par virement
zou/maachen*, zougemaach (hunn)	fermer

Expressions clés

Ech hunn e Kont opgemaach.
J'ai ouvert un compte.

Ech hiewe Sue vu mengem Kont op.
Je retire de l'argent de mon compte.

Ech hu Sue bei der Bank geléint.
J'ai emprunté de l'argent à une banque.

Ech hu Suen op mäi Kont abezuelt / iwwerwisen.
J'ai versé / viré de l'argent sur mon compte.

Ech hu mat engem Scheck / mat menger Kaart bezuelt.
J'ai payé par chèque / avec ma carte.

Exercice

Exercice

Lisez le texte suivant à haute voix et complétez-le en conjuguant correctement le verbe entre parenthèses (pour les formes de conditionnel, reportez-vous au chapitre suivant, p. 81). Puis traduisez le dialogue.

Beamtin: .... (wëllen) Dir Suen op de Compte courant oder op de Spuerkont setzen?

Här Reding: Ech .... (iwwerweisen) 500 Euro op de Spuerkont an ech .... (wëllen – conditionnel) Suen ophiewen.

Beamtin: Ech .... (brauchen – conditionnel) Är Carte d'identité, fir de Virement ze maachen. Wéi vill Suen .... (hunn) Dir wëlles opzehiewen?

Här Reding: 1000 (dausend) Euro. Mäi Fils .... (kréien) 18 (uechtzéng) Joer an hie .... (kafen) sech gären e Moto! Ech hëllefen him, en ze bezuelen.

Beamtin: Dat ass awer gentil! Dir .... (sinn) e léiwe Papp!

Här Reding: Hie .... (léinen) net gäre Suen, hie .... (spueren) zanter engem Joer fir säi Moto.

Beamtin: Dee Jong .... (hunn) Chance! Ech .... (hoffen), datt hien op säi Moto oppasst.

Här Reding: Hoffentlech!

– Bonjour, chère madame ! Je souhaiterais échanger ces quelques billets-ci contre de beaux timbres de collection !

CHAPITRE 8

Op der Post
À la poste

OBJECTIFS

- Savoir poser une question afin d'obtenir des informations *ad hoc*
- Savoir exprimer un besoin relatif aux produits et services de la poste

À la poste

Employé : *Bonjour, puis-je vous aider ?*

Cliente : *Bonjour. J'aurais d'abord besoin de timbres pour le Luxembourg et pour l'étranger.*

Employé : *Oui, de combien de timbres avez-vous besoin ? Aimeriez-vous des timbres normaux ou préféreriez-vous un carnet contenant des timbres spéciaux ?*

Cliente : *Non, des timbres normaux suffisent. J'ai besoin de deux carnets de douze timbres.*

Employé : *Oui, les voici.*

Cliente : *Je voudrais aussi envoyer cette lettre-ci.*

Employé : *En recommandé ?*

Cliente : *Oui.*

Employé : *Cela coûte au total 21,40 euros. Pourriez-vous remplir ce formulaire pour le recommandé, s'il vous plaît ?*

Cliente : *Je souhaiterais encore faire un virement de 500 euros de mon compte courant à mon compte épargne de la caisse d'épargne.*

Employé : *C'est fait ! Encore une signature, s'il vous plaît ! Est-ce tout ?*

Cliente : *Oui, merci ! Au revoir !*

Employé : *Au revoir !*

Op der Post

Beamten: Moien, wéi kann ech Iech hëllefen?

Cliente: Moien. Ech bräicht fir d'éischt Timbere fir Lëtzebuerg a fir d'Ausland.

Beamten: Jo, wéi vill Timbere braucht Dir? Hätt Dir gär normal Timberen oder léiwer e Carnet mat speziellen Timberen?

Cliente: Nee, normal Timbere ginn duer. Ech bräicht zweemol zwielef Stéck.

Beamten: Jo, voilà, hei sinn se.

Cliente: Ech wéilt och deen heite Bréif fortschécken.

Beamten: Als Recommandé?

Cliente: Jo.

Beamten: Dat Ganzt kascht eenanzwanzeg Euro a véierzeg Cent. Kéint Dir wannechgelift nach dee Formulaire hei fir de Recommandé ausfëllen?

Cliente: Ech wéilt nach fënnefhonnert Euro vu mengem Compte courant op mäi Spuerkont vun der Spuerkeess iwwerweisen.

Beamten: 't ass gemaach! Nach eng Ënnerschrëft, wannechgelift! Ass dat alles?

Cliente: Jo, merci! Äddi!

Beamten: Äddi!

CHAPITRE 8 — OP DER POST / À LA POSTE

L'expression de la politesse

Voici quelques expressions de politesse utiles lors d'un échange courtois :

Entschëllegt! *Excusez-moi !*
(Villmools) Merci!
Merci (beaucoup) !
Gär geschitt! *De rien !*
(en réponse à merci)
wannechgelift (en abrégé : wgl.) *S'il te/vous plaît*
Ech bräicht…
J'aurais besoin de (+ nom)
Ech wéilt…
Je voudrais (+ nom ou verbe)
Ech hätt gär…
Je voudrais (+ nom)
Ech géif gär…
Je voudrais (+ verbe)
Kéint Dir… ?
Pourriez-vous… ?
Et wier fir… *Ce serait pour…*
(+ nom ou verbe)

Grammaire

L'interrogation

L'interrogation peut être introduite par un terme interrogatif ou non.

→ Si la phrase interrogative ne comporte pas de terme interrogatif, le verbe conjugué occupe la première position (comme dans l'interrogation par inversion en français) :

Wëllt Dir Timbere fir Lëtzebuerg oder fir d'Ausland?
Voulez-vous des timbres pour le Luxembourg ou pour l'étranger ?

→ Si la phrase interrogative comporte un terme interrogatif, le verbe conjugué occupe la deuxième position :

Wat hues du gesot? **Kéints** du dat widderhuelen?
Qu'as-tu dit ? Pourrais-tu le répéter ?

Conjugaison

Les verbes signalés par un * dans la liste du vocabulaire sont irréguliers à l'indicatif présent. Leurs formes irrégulières sont détaillées ci-dessous.

	brauchen *(avoir besoin de)*	**wëllen** *(vouloir)*	**kënnen** *(pouvoir)*
ech	brauch	wëll	kann
du	brauchs	wëlls	kanns
hien/si/hatt	brauch	wëll(t)	kann
mir	brauchen	wëllen	kënnen
Dir/dir	braucht	wëllt	kënnt
si	brauchen	wëllen	kënnen

	ginn *(devenir, donner)*	**hunn** *(avoir)*
ech	ginn	hunn
du	gëss	hues
hien/si/hatt	gëtt	huet
mir	ginn	hunn
Dir/dir	gitt	hutt
si	ginn	hunn

Conditionnel présent

Certains verbes présentent une forme simple de conditionnel présent. Ce sont les verbes auxiliaires « hunn » *(avoir)* et « sinn » *(être)*, les verbes de modalité ainsi que quelques autres verbes, comme « bleiwen » *(rester)*, « brauchen » *(avoir besoin de)*, « ginn » *(donner, devenir)*, « kommen » *(venir)*, « wëssen » *(savoir)* :
ech bléif *(je resterais)*, ech bräicht *(j'aurais besoin de)*, ech géif *(je donnerais / je deviendrais)*, ech kéim *(je viendrais)*, ech wéisst *(je saurais)*.

Les autres verbes présentent une forme de conditionnel composée de l'auxiliaire « ginn » + infinitif :
Ech géif dir et soen, wann ech et wéisst.
Je te le dirais si je le savais.
Ech géif dat gär gesinn!
Je voudrais bien voir cela !

On emploie cette forme :
➔ dans une phrase conditionnelle introduite par la conjonction de subordination « wann » *(si)* :
Wann ech räich **wier**, **hätt** ech eng schéi Villa.
Si j'étais riche, j'aurais une belle villa.
➔ pour exprimer un vœu ou un souhait. Dans ce cas, le verbe est accompagné de l'adverbe **gär** :
Ech **hätt gär** zéng Timberen, wannechgelift!
Je voudrais dix timbres, s'il vous plaît !
➔ pour exprimer une demande polie :
Géift Dir wgl. d'Fënster zoumaachen?
Pourriez-vous fermer la fenêtre, s'il vous plaît ?

Voici les paradigmes de conjugaison de ces verbes :

	brauchen *(avoir besoin de)*	**wëllen** *(vouloir)*	**kënnen** *(pouvoir)*
ech	bräicht	wéilt	kéint
du	bräichs	wéilts	kéints
hien/si/hatt	bräicht	wéilt	kéint
mir	bräichten	wéilten	kéinten
Dir/dir	bräicht	wéilt	kéint
si	bräichten	wéilten	kéinten

Vocabulaire

den Absender (m.), d'Absenderen (pl.)
l'expéditeur

d'Adress (f.), d'Adressen (pl.)
l'adresse

en ageschriwwene Bréif, e Recommandé
une lettre recommandée

aus/fëllen, ausgefëllt (hunn)
remplir (un formulaire)

brauchen*, gebraucht (hunn)
avoir besoin de

de Bréif (m.), d'Bréiwer (pl.)
la lettre

de Colis (m.), d'Colisen (pl.), de Pak (m.), d'Päck (pl.)
le colis

de Compte courant (m.), d'Compte-couranten (pl.)
le compte courant

den Destinataire (m.), d'Destinatairen (pl.)
le destinataire

d'Enveloppe (f.), d'Enveloppen (pl.)
l'enveloppe

frankéieren, frankéiert (hunn)
affranchir

CHAPITRE 8 — **OP DER POST** / À LA POSTE

	ginn (devenir, donner)	**hunn** (avoir)	**sinn** (être)
ech	géif	hätt	wier/wär
du	géifs	häss	wiers/wäers
hien/si/hatt	géif	hätt	wier/wär
mir	géifen	hätten	wieren/wären
Dir/dir	géift	hätt	wiert/wäert
si	géifen	hätten	wieren/wären

Vocabulaire

ginn*, ginn (hunn fir donner, sinn fir devenir)
donner, devenir

hunn*, gehat (hunn)
avoir

de Guichet (m.), d'Guicheten (pl.)
le guichet

iwwerweisen, iwwerwisen (hunn)
virer

d'Kaart (f.), d'Kaarten (pl.)
la carte

d'Käertchen (f.), d'Käertercher (pl.)
la petite carte (où figure le numéro de compte)

kënnen*, kënnen (hunn)
pouvoir

de Kont (m.), d'Konten (pl.)
le compte bancaire

d'Post (f.), de Courrier (m.) (pas de pluriel)
le courrier

de Postbüro (m.), d'Postbüroen (pl.)
le bureau de poste

d'Postleetzuel (f.), d'Postleetzuelen (pl.)
le code postal

Vocabulaire

Expressions clés

Bonjour, ech bräicht…
Bonjour, j'aurais besoin de…

Entschëllegt, kéint Dir mir soen…?
Excusez-moi, pourriez-vous me dire… ?

Hätt Dir d'Tariffer vu dësem Joer?
Auriez-vous les tarifs de cette année ?

Ech géif gär wëssen, wéi vill Suen ech nach op mengem (Spuer)kont hunn.
Je voudrais bien savoir combien d'argent j'ai encore sur mon compte (épargne).

Ech wéilt Suen op mäi Kont iwwerweisen.
Je désirerais verser de l'argent sur mon compte.

Ech schécken Iech et mat der Post.
Je vous l'envoie par la poste.

Exercices

Exercice n° 1

En vous inspirant du vocabulaire de ce chapitre, imaginez une situation de communication similaire à celle du dialogue figurant au début de la leçon, en supposant que le client en question désire réaliser trois opérations différentes auprès des services postaux. Inversez les rôles !

Exercice n° 2

Observez le dialogue suivant dans lequel le client s'exprime de façon plutôt directe. Remplacez les expressions concernées par une formulation de politesse.

Client: Gitt mer Sue vu mengem Kont.

Beamten: Wéi vill hätt Dir der gär?

Client: 1000€, a séier, ech si presséiert.

Beamten: Wéi ass Är Kontosnummer, wgl.?

Client: O, muss ech lo och nach meng Käertche sichen? Hei ass se!

Beamten: wannechgelift. Braucht Dir soss nach eppes?

Client: Jo, sot mer mol mäi Kontosstand.

Beamten: Dir hutt nach 1500€ um Kont.

Client: Wat? Nëmmen? Dir iert Iech bestëmmt.

Vocabulaire

de Postscheck (m.), d'Postschecken (pl.)
le chèque postal

de Postscheckkonto (m.), d'Postscheckkonten (pl.)
le compte chèque postal

schécken, geschéckt (hunn)
envoyer

d'Spuerkeess (f.), d'Spuerkeesen (pl.)
la caisse d'épargne

de Spuerkont (m.), d'Spuerkonten (pl.)
le compte épargne

den Timber (m.), d'Timberen (pl.)
le timbre

d'Timbersammlung (f.), d'Timbersammlungen (pl.)
la collection de timbres

wëllen*, wëllen (hunn)
vouloir

eng Zomm op e Kont a/bezuelen*, abezuelt (hunn)
verser une somme sur un compte

– Maintenant, branchez le câble sur votre modem et le tour est joué !
– Euh, vous pouvez répéter s'il vous plaît ?

CHAPITRE 9

Telefonsleitung an Internet-uschloss

Ligne téléphonique et connexion Internet

OBJECTIFS

- Savoir se renseigner sur les produits et les services d'un opérateur de téléphonie ou d'un fournisseur d'accès à Internet
- Savoir exprimer ses choix et ses préférences de consommation

CHAPITRE 9 — **TELEFONSLEITUNG AN INTERNETUSCHLOSS**
LIGNE TÉLÉPHONIQUE ET CONNEXION INTERNET

Demande de ligne téléphonique

Employée : Bonjour, à qui est-ce le tour ?

Monsieur Leblanc : Bonjour, c'est à moi. Je voulais me renseigner au sujet d'une ligne téléphonique et d'une connexion Internet. J'habite depuis peu au Luxembourg, et je dois contacter mes amis !

Employée : De nos jours, c'est un besoin normal. LuxCom propose des conditions spéciales si on prend tout ensemble.

Monsieur Leblanc : Tout ensemble ? Que voulez-vous dire ?

Employée : Si on a son téléphone portable, son téléphone fixe et sa connexion Internet chez nous, c'est moins cher.

Monsieur Leblanc : Est-ce une offre promotionnelle ?

Employée : Oui, jusqu'à la fin du mois, vous avez en plus 20 % de réduction si vous prenez le forfait complet.

Monsieur Leblanc : C'est intéressant, en effet. Je téléphone beaucoup et surfe volontiers sur Internet : je fais des opérations bancaires, parfois des recherches, etc.

Employée : Je comprends et je sais ce dont vous avez besoin : une connexion Internet à haut débit. Demandez à ma collègue, madame Hansen. Elle vous donnera toutes les informations nécessaires, entre autres pour fixer un rendez-vous avec le technicien.

Monsieur Leblanc : Merci pour ces explications !

Employée : Au revoir ! Bon après-midi !

Ufro fir eng Telefonsleitung

Beamtin: Moien, u wiem ass et?

Här Leblanc: Moien, et ass u mir. Ech wollt mech iwwert eng Telefonsleitung an eng Internetverbindung renseignéieren. Ech wunnen zënter Kuerzem zu Lëtzebuerg, an ech muss meng Frënn uruffen!

Beamtin: Dat ass hautdesdaags en normale Besoin. LuxCom bitt speziell Conditiounen un, wann een alles zesummen hëlt.

Här Leblanc: Alles zesummen? Wéi mengt Dir dat?

Beamtin: Wann een den Handy, den Telefon an den Internetuschloss bei eis huet, ass et méi bëlleg.

Här Leblanc: Ass et eng speziell Offer?

Beamtin: Jo, a bis Enn des Mounts kritt Dir och nach 20 Prozent Reductioun, wann Dir de ganze Set huelt.

Här Leblanc: Dat ass tatsächlech interessant. Ech telefonéiere vill a surfe gären um Internet, ech maache Bankoperatiounen, heiansdo Recherchen an esou weider…

Beamtin: Ech verstinn a weess, wat Dir braucht: e séieren Internetuschloss. Frot meng Kolleegin, d'Madamm Hansen. Si gëtt Iech all déi néideg Informatiounen, ënner anerem fir en Termin mam Techniker auszemaachen.

Här Leblanc: Merci fir dës Explikatiounen!

Beamtin: Äddi! Schéine Mëtteg!

CHAPITRE 9

TELEFONSLEITUNG AN INTERNETUSCHLOSS
LIGNE TÉLÉPHONIQUE ET CONNEXION INTERNET

Vocabulaire

an/hänken, agehaang (hunn)
raccrocher

besat
occupé

chatten, gechat (hunn)
chatter

fräi
libre

**den Internetsurfer (m.),
d'Internetsurfer (pl.)**
l'internaute

**den Internetuschloss (m.),
d'Internetuschlëss (pl.)**
la connexion Internet

**d'Leitung (f.),
d'Leitungen (pl.)**
la ligne

**d'E-Mail (f.),
d'E-Mailen (pl.)**
le courriel

**eng E-Mail (f.) schécken,
geschéckt hunn**
envoyer un courriel

**op/hiewen,
opgehuewen (hunn)**
décrocher

**sech um Internet aloggen,
ageloggt (hunn)**
se connecter à Internet

**d'Sichmaschinn (f.),
d'Sichmaschinnen (pl.)**
le moteur de recherche

surfen, gesurft (hunn)
surfer

**telefonéieren,
telefonéiert (hunn)**
téléphoner

telefonesch
téléphonique, par téléphone

Grammaire

L'expression du temps et de la condition

En luxembourgeois, pour exprimer le temps, on emploie la conjonction de subordination **wann** *(quand)* :
➔ devant un verbe marquant le futur :
  Wann ech mol grouss sinn, maachen ech eng Weltrees.
  Quand je serai grand, je ferai un voyage autour du monde.
➔ devant un verbe au présent ou au passé, quand l'action est ou a été répétée :
  Wann hie moies opsteet, ass hien a Form.
  Quand il se lève le matin, il est en forme.

On utilise également la conjonction **wéi** :
➔ devant un verbe au passé, quand l'action ne s'est produite qu'une fois :
  Wéi d'Police koum, war den Abriecher scho laang fort.
  Quand la police arriva, le cambrioleur était parti depuis longtemps.
➔ quand l'action est déterminée dans le temps :
  Wéi si kleng war, wollt si Affekotin ginn.
  Quand elle était petite, elle voulait devenir avocate.

Pour exprimer la condition, on utilise la conjonction de subordination **wann** *(si, au cas où)* :
➔ **Wann** *(si)* est accompagné du conditionnel devant un verbe au passé indiquant l'irréel ou le souhait :
  Wann hien eis geholleff hätt, wiere mir éischter färdeg gewiescht.
  S'il nous avait aidés, nous aurions fini plus tôt.
➔ **Wann** est utilisé avec l'indicatif présent pour marquer le réel :
  Wann s du mir hëllefs, sinn ech éischter färdeg.
  Si tu m'aides, je terminerai plus vite.

La traduction de « on »

Pour renvoyer à une ou plusieurs personnes indéfinie(s) – comme en français : on/quelqu'un/personne –, le luxembourgeois combine **et ('t)** avec le pronom **een** *(quelqu'un)* ou la forme négative **keen** *(personne)* :

Et mengt een, hie wier krank. *On dirait qu'il est malade.*
Et kënnt een. *Quelqu'un vient.*
Et weess keen, wat ee soll maachen.
Personne ne sait quoi faire (ce qu'on doit faire).
Et soll een ëmmer zefridde sinn, wann ee gesond ass.
Il faut toujours être satisfait quand on est en bonne santé.

Conjugaison

Les verbes signalés par un * dans la liste du vocabulaire sont irréguliers à l'indicatif présent. Leurs formes irrégulières sont détaillées ci-dessous.

• Présent de l'indicatif

	u/ruffen *(téléphoner)*	**u/bidden** *(proposer)*	**verstoen** *(comprendre)*
ech	ruffen un	bidden un	verstinn
du	riffs un	bitts un	verstees
hien/si/hatt	rifft un	bitt un	versteet
mir	ruffen un	bidden un	verstinn
Dir/dir	rufft un	bitt un	verstitt
si	ruffen un	bidden un	verstinn

• Passé composé

	u/ruffen *(téléphoner)*	**u/bidden** *(proposer)*	**verstoen** *(comprendre)*
ech	hunn ugeruff	hunn ugebueden	hu verstanen
du	hues ugeruff	hues ugebueden	hues verstanen
hien/si/hatt	huet ugeruff	huet ugebueden	huet verstanen
mir	hunn ugeruff	hunn ugebueden	hu verstanen
Dir/dir	hutt ugeruff	hutt ugebueden	hutt verstanen
si	hunn ugeruff	hunn ugebueden	hu verstanen

Vocabulaire

d'Telefonsgespréich (n.), d'Telefonsgespréicher (pl.)
la conversation téléphonique

een oder engem u/ruffen, ugeruff (hunn)
appeler quelqu'un

de Web (m.)
le Web

d'Websäit (f.), d'Websäiten (pl.)
la page Web

CHAPITRE 9

TELEFONSLEITUNG AN INTERNETUSCHLOSS
LIGNE TÉLÉPHONIQUE ET CONNEXION INTERNET

Vocabulaire

Expressions clés

Ech ruffen dech (oder: dir) den Owend un.
Je t'appelle ce soir.
Gitt mir d'Madamm Hansen, wgl.!
Passez-moi madame Hansen, s'il vous plaît !
Ech sinn amgaang ze telefonéieren.
Je suis en train de téléphoner.
Ech hu mech um Internet ageloggt.
Je me suis connecté à Internet.
Ech hu mäin Handy ausgemaach.
J'ai éteint mon téléphone portable.
Ech verstinn Iech schlecht.
Je vous entends mal.
Wéi eng Nummer hätt Dir gär?
Quel numéro demandez-vous ?

Exercices

Exercice n° 1

En vous appuyant sur le dialogue figurant au début du chapitre, imaginez que vous êtes en vacances dans un hôtel : vous avez besoin d'une connexion Internet pour faire quelques recherches, envoyer des messages, etc. Rédigez un dialogue que vous jouerez en inversant éventuellement les rôles !

Receptionnistin: Moien, wéi kann ech Iech hëllefen?
Här/Madamm ...: Ech bräicht en Internetuschloss…
Réceptionniste : Bonjour, puis-je vous aider ?
Monsieur/Madamm ...: J'aurais besoin d'une connexion Internet…

Exercice n° 2
Voici une conversation téléphonique : rétablissez l'ordre des répliques !

1. **Madamm Dupong:** Jo, et ass souguer gratis!
2. **Här Fournier:** Jo, voilà, genau. Ass et de Fall?
3. **Madamm Dupong:** Entschëllegt, mir sinn ënnerbrach ginn. Här Fournier, sidd Dir nach ëmmer do?
4. **Här Fournier:** Ganz gutt! Bis nächst Woch!
5. **Madamm Dupong:** Jo, Dir hat mir eng Fro gestallt, ob d'Zëmmer, dat Dir fir den nächste Weekend reservéiert hutt, en Internetuschloss huet.
6. **Här Fournier:** Jo, Madamm Dupong, ech sinn nach ëmmer do. Hutt Dir héieren, wat ech als lescht gesot hunn?

Voici le début du dialogue :
Madamm Dupong: Entschëllegt, mir sinn ënnerbrach ginn. Här Fournier, sidd Dir nach ëmmer do?

– Docteur ! L'argent me brûle les doigts !
– Vous avez de quoi payer la consultation ?

CHAPITRE 10

Op der Gesondheets-keess
À la Caisse nationale de santé

OBJECTIFS

- Savoir poser des questions relatives à l'obtention d'une carte de sécurité sociale
- Savoir interagir dans ce contexte

CHAPITRE 10 — OP DER GESONDHEETSKEESS / À LA CAISSE NATIONALE DE SANTÉ

FRANÇAIS

À la Caisse nationale de santé

Employé : Caisse nationale de santé du Luxembourg, bonjour !

Madame Martin : Bonjour, mon nom est Martin, j'ai perdu ma carte de sécurité sociale. On m'a volé mon portefeuille ! Que dois-je faire pour en obtenir une nouvelle ? Je pars dans quatre semaines en vacances.

Employé : Avez-vous déjà fait une déclaration à la police ?

Madame Martin : Oui, c'est la première chose que j'ai faite. Je suis énervée !

Employé : Connaissez-vous le numéro de votre carte ?

Madame Martin : Je connais le numéro par cœur : 19710305678.

Employé : Vous allez sur le site de la Sécurité sociale, c'est-à-dire www.ccss.lu…

Madame Martin : Une seconde, s'il vous plaît, je le note !

Employé : Oui, et ensuite vous allez dans la rubrique « Commande carte sécurité sociale ».

Madame Martin : Dois-je remplir un formulaire ?

Employé : Oui, vous obtiendrez la nouvelle carte dans un délai de deux, trois semaines. Au cas où vous auriez un problème, retéléphonez-moi, je suis monsieur Schmitz.

Madame Martin : Merci, monsieur Schmitz. J'espère que mon problème sera bientôt résolu. Sinon, je vous appellerai !

Op der Gesondheetskeess

Beamten: Gesondheetskeess Lëtzebuerg, moien!

Madamm Martin: Moien, mäin Numm ass Martin, ech hu meng Käertche verluer. Ech krut mäi Portefeuille geklaut! Wat muss ech maachen, fir eng nei ze kréien? Ech fueren a véier Wochen an d'Vakanz.

Beamten: Hutt Dir schonn eng Deklaratioun bei der Police gemaach?

Madamm Martin: Jo, dat war déi éischt Saach, déi ech gemaach hunn. Ech sinn opgedréint!

Beamten: Wësst Dir nach d'Nummer vun Ärer Käertchen?

Madamm Martin: Jo, ech weess d'Nummer auswenneg: 19710305678.

Beamten: Dir gitt op de Site vun der Sécurité sociale, also www.ccss.lu…

Madamm Martin: Eng Sekonn, wgl., ech schreiwe mir dat op!

Beamten: Jo, an da gitt Dir op d'Rubrik „Commande carte sécurité sociale".

Madamm Martin: Muss ech e Formulaire ausfëllen?

Beamten: Jo, Dir kritt déi nei bannent zwou bis dräi Wochen. Falls nach e Problem wier, rufft mir nach eng Kéier un, ech sinn den Här Schmitz.

Madamm Martin: Merci Här Schmitz, ech hoffen, datt mäi Problem séier geléist gëtt! Soss ruffen ech Iech un!

CHAPITRE 10
OP DER GESONDHEETSKEESS
À LA CAISSE NATIONALE DE SANTÉ

Vocabulaire

bannent
dans un délai de

d'Gesondheetskeess (f.)
la caisse (nationale) de santé

klauen, geklaut (hunn)
voler

d'Krankegeld (n.)
l'indemnité de maladie

d'Krankekees (f.)
la caisse de maladie

de Krankeschäin (m.), d'Krankeschäiner (pl.)
le certificat de maladie

léisen, geléist (hunn)
résoudre

d'Sozialleeschtungen (f. pl.)
les prestations sociales

d'Sozialversécherungskaart (f.), d'Sozialversécherungskaarten (pl.)
la carte de sécurité sociale

de Vertrauensdokter (m.), d'Vertrauensdokteren (pl.)
le médecin conseil

Grammaire

Le pronom relatif

Comme en français, le pronom relatif sert à relier un nom ou un pronom à une proposition qui explique ou détermine ce nom ou ce pronom. Le pronom relatif prend le genre et le nombre du terme qu'il remplace, et se décline suivant sa fonction dans la proposition subordonnée relative (qui ne se met jamais au subjonctif, comme cela peut être le cas en français).

	Masculin	Féminin	Neutre	Pluriel
Nominatif	deen	déi	dat	déi
Datif	deem	där	deem	deenen
Accusatif	deen	déi	dat	déi

D'Fra, **déi** mat mir gereest ass, heescht Geneviève.
La femme qui a voyagé avec moi s'appelle Geneviève.

De Mann, **deem** ech meng Telefonsnummer ginn hunn, heescht Roger.
L'homme à qui j'ai donné mon numéro de téléphone s'appelle Roger.

En Déier, **dat** bäisst, ka geféierlech sinn.
Un animal qui mord peut être dangereux.

D'Autoen, **déi** si probéiert hunn, ware sécher.
Les voitures qu'ils ont essayées étaient sûres.

Les adverbes suivants fonctionnent aussi comme des relatifs :
→ **wou** : D'Zeen, **wou** sech dat ofspillt, ass witzeg.
    La scène où cela se passe est amusante.
→ **wéi** : D'Manéier, **wéi** hien dat mécht, ass erstaunlech.
    La manière dont il fait cela est surprenante.

Le passif

Pour exprimer le passif, on dispose des deux verbes auxiliaires, **ginn** et **kréien** :

• Ginn + participe passé

De Garagist fléckt den Auto.
Le garagiste répare la voiture.
Den Auto gëtt vum Garagist gefléckt.
La voiture est réparée par le garagiste.

À noter :
→ le COD « den Auto » de la phrase active est devenu le sujet du verbe passif « gëtt gefléckt ».
→ le sujet « de Garagist » de la phrase active est devenu le complément d'agent « vum Garagist ».

• Kréien + participe passé

Mäin Noper am Bus huet mir mäi Portefeuille geklaut.
Mon voisin dans le bus m'a volé mon portefeuille.
Ech hu mäi Portefeuille vu mengem Noper am Bus geklaut kritt.
Mon portefeuille a été volé par mon voisin dans le bus.

À noter :
→ le COI « mir » de la phrase active est devenu le sujet du verbe passif « ech hu geklaut kritt ».
→ le sujet « Noper » de la phrase active est devenu le complément d'agent « vum Noper ».

CHAPITRE 10 — OP DER GESONDHEETSKEESS / À LA CAISSE NATIONALE DE SANTÉ

Conjugaison

Les verbes signalés par un * dans la liste du vocabulaire sont irréguliers à l'indicatif présent. Leurs formes irrégulières sont détaillées ci-dessous.

• Présent de l'indicatif

	fueren (conduire)	**ginn** (donner, devenir, auxiliaire pour le passif)	**kréien** (obtenir, auxiliaire pour le passif)
ech	fueren	ginn	kréien
du	fiers	gëss	kriss
hien/si/hatt	fiert	gëtt	kritt
mir	fueren	ginn	kréien
Dir/dir	fuert	gitt	kritt
si	fueren	ginn	kréien

• Passé composé

	fueren (conduire)	**ginn** (donner, devenir, auxiliaire pour le passif)	**kréien** (obtenir, auxiliaire pour le passif)
ech	si gefuer	si ginn	hu kritt
du	bass gefuer	bass ginn	hues kritt
hien/si/hatt	ass gefuer	ass ginn	huet kritt
mir	si gefuer	si ginn	hu kritt
Dir/dir	sidd gefuer	sidd ginn	hutt kritt
si	si gefuer	si ginn	hu kritt

Vocabulaire

Expressions clés

Ech ruffen Iech un, well… *Je vous appelle parce que…*
Ech fëllen eng Deklaratioun / e Formulaire aus.
Je remplis une déclaration / un formulaire.
Ech hu meng Käertchen / mäi Portmonni verluer.
J'ai perdu ma carte de sécurité sociale / mon portemonnaie.
Ech krut meng Posch / meng Auer geklaut.
On m'a volé mon sac à main / ma montre.
Hien ass op fräscher Dot erwëscht ginn.
Il a été pris en flagrant délit.

Exercices

Exercice n° 1

Le pronom relatif s'emploie souvent dans une phrase complexe pour donner une explication ou une définition. Attribuez la définition qui convient aux termes suivants :

1. e Portefeuille (m.) :
   un portefeuille
2. en Haus (n.) :
   une maison
3. Paräis :
   Paris
4. e Computer (m.) :
   un ordinateur
5. e Buch (n.) :
   un livre
6. eng Websäit (f.) :
   un site Internet

A. eng Plaz, déi ee lount oder keeft, fir do ze wunnen.

B. eng Maschinn, déi verschidden Informatiounen traitéiert an déi ee benotzt fir am Allgemengen ze kommunizéieren.

C. en Etui, wou ee Pabeieren a Schäiner dra stieche kann

D. en Objet, deen aus enger gewëssener Unzuel vu Säite besteet.

E. eng Haaptstad, déi Millioune vun Touristen all Joer besichen

F. en Ensembel vu Säiten, déi duerch eng Web-Adress matenee verbonne sinn

Exercice n° 2

En vous appuyant sur le dialogue figurant au début du chapitre, imaginez la conversation téléphonique de madame Martin avec un agent de police au moment où elle déclare le vol de son portefeuille. Employez au moins deux tournures passives différentes.

– Et je pourrais avoir un acompte sur mes allocations ?

CHAPITRE 11

Sech op der ADEM aschreiwen
S'inscrire à l'ADEM (Pôle emploi)

OBJECTIFS

- Savoir poser des questions dans un contexte d'inscription à l'ADEM
- Savoir donner des informations administratives sur soi

CHAPITRE 11 — SECH OP DER ADEM ASCHREIWEN
S'INSCRIRE À L'ADEM (PÔLE EMPLOI)

FRANÇAIS

S'inscrire à l'ADEM (Pôle emploi)

Madame Correia : ADEM Luxembourg, bonjour !

Monsieur Thill : Bonjour, Thill à l'appareil.

Madame Correia : Bonjour, en quoi puis-je vous aider ?

Monsieur Thill : Je voudrais m'inscrire à l'ADEM.

Madame Correia : Quel est votre matricule ?

Monsieur Thill : 1966010857723.

Madame Correia : Où habitez-vous ?

Monsieur Thill : À Schieren.

Madame Correia : Vous devez donc vous inscrire à Diekirch.

Monsieur Thill : Quels documents dois-je apporter ?

Madame Correia : Votre carte d'identité, votre carte de sécurité sociale et aussi un C.V., mais cela n'est pas obligatoire pour la première inscription.

Monsieur Thill : Dois-je aller à Diekirch ou est-ce aussi possible par Internet ?

Madame Correia : Non, vous devez passer.

Monsieur Thill : Est-ce que je toucherai immédiatement le chômage ?

Madame Correia : Vous aurez d'abord un rendez-vous avec un conseiller professionnel.

Monsieur Thill : Merci pour ces informations ! Au revoir !

Madame Correia : Au revoir !

Sech op der ADEM aschreiwen

Madamm Correia: ADEM Lëtzebuerg, moien!
Här Thill: Moien, Thill um Apparat.
Madamm Correia: Moien, wéi kann ech Iech hëllefen?
Här Thill: Ech wéilt mech op der ADEM aschreiwen.
Madamm Correia: Wéi ass Är Matricule?
Här Thill: 1966010857723.
Madamm Correia: Wou wunnt Dir?
Här Thill: Zu Schieren.
Madamm Correia: Dir musst Iech dann zu Dikrech aschreiwen.
Här Thill: Wat fir eng Dokumenter muss ech mathuelen?
Madamm Correia: Är Carte d'identité, Är Sécurité-sociales-Käertchen an och e Liewenslaf, mee et ass net obligatoresch fir déi éischt Aschreiwung.
Här Thill: Muss ech bis op Dikrech goen oder geet dat och iwwert Internet?
Madamm Correia: Nee, Dir musst laanschtgoen.
Här Thill: Kréien ech direkt Chômage?
Madamm Correia: Dir kritt fir d'éischt en Termin mat engem Placeur.
Här Thill: Merci fir dës Informatiounen! Äddi!
Madamm Correia: Äddi!

CHAPITRE 11 — SECH OP DER ADEM ASCHREIWEN / S'INSCRIRE À L'ADEM (PÔLE EMPLOI)

Vocabulaire

d'Aschreiwung (f.), d'Aschreiwungen (pl.)
l'inscription

d'Carte d'identité (f.), d'Carte-d'identitéen (pl.)
la carte d'identité

Chômage kréien
percevoir l'allocation chômage

kréien*, kritt (hunn)
recevoir, obtenir

d'Sécurité-sociales-Käertchen (f.), d'Sécurité-sociales-Käertercher (pl.)
la carte de sécurité sociale

laanscht/kommen*, laanschtkomm (sinn)
passer

de Liewenslaf (m.), d'Liewensleef (pl.)
le curriculum vitae

d'Matricule (f.), d'Matricullen (pl.), d'Matriculesnummer (f.), d'Matriculesnummeren (pl.)
le (numéro) matricule

de Placeur (m.), d'Placeuren (pl.)
le conseiller professionnel

sech a/schreiwen, ageschriwwen (hunn)
s'inscrire

Grammaire

Les verbes modaux « mussen » et « sollen »

En luxembourgeois, le verbe **mussen** s'emploie pour exprimer :

→ **la nécessité absolue**, quelle que soit sa nature (juridique, biologique, fonctionnelle, etc.) :

Enges Daags musse mir all stierwen.
On doit tous mourir un jour.

Dir musst ageschriwwe sinn, fir de Chômage ze kréien.
Vous devez être inscrit pour percevoir l'allocation chômage.

→ **la probabilité** (il est très probable que…) :

Hie muss krank sinn.
Il doit être malade / il est très probablement malade.

Remarque : à la forme négative, il signifie **« ne pas être obligé de »** :

Dir musst net kommen.
Vous n'êtes pas obligé de venir.

Hie muss net dohinner goen.
Il n'est pas obligé d'y aller.

Le verbe modal **sollen** est, à l'indicatif présent, réservé aux **types de nécessité qui font appel à la responsabilité morale ou qui expriment un conseil donné par une tierce personne**. Dans tous les autres cas de figure, c'est « mussen » qui s'impose. Il exprime par conséquent :

→ **le devoir, l'obligation morale, les interdits (à la forme négative) :**

Du solls méi Sport maachen.
Tu dois faire plus de sport.

Du solls net sou vill fëmmen.
Tu ne dois pas fumer autant.

→ **la volonté d'une tierce personne, l'invitation à faire (ou à ne pas faire) :**

Dir sollt bei de Chef goen. *Le chef veut vous voir.*
Soll ech dir hëllefen? *Veux-tu que je t'aide ?*

Le pronom interrogatif « wat »

Le pronom « wat » représente **la chose au sujet de laquelle la question est posée :**
  Wat hues du gesot? *Qu'est-ce que tu as dit ?*
  Wat méchs du muer den Owend?
  Que feras-tu demain soir ?

• **Préposition + wat**

  Iwwer wat laacht Dir? *De quoi riez-vous ?*

• **Traduction de « quel »**

➔ **wéi en / eng,** « *quel* » au sens de « lequel » parmi un ensemble d'éléments :
  Wéi en Auto hues du kaaft?
  Quelle voiture as-tu achetée ?
➔ **wat fir en / eng,** « *quel* » au sens de « quelle sorte de » :
  Wat fir eng Zeitung lies du?
  Quel (quelle sorte de) journal lis-tu ?

Conjugaison

Les verbes signalés par un * dans la liste du vocabulaire sont irréguliers à l'indicatif présent. Leurs formes irrégulières sont détaillées ci-dessous.

• **Présent de l'indicatif**

	sech a/schreiwen *(s'inscrire)*	laanscht/kommen *(passer)*	mat/bréngen *(apporter)*
ech	schreiwe mech an	komme laanscht	brénge mat
du	schreifs dech an	kënns laanscht	bréngs mat
hien/si/hatt	schreift sech an	kënnt laanscht	bréngt mat
mir	schreiwen eis an	komme laanscht	brénge mat
Dir/dir	schreift lech/iech an	kommt laanscht	bréngt mat
si	schreiwe sech an	komme laanscht	brénge mat

Remarque : les verbes « sech aschreiwen » et « matbréngen » ne sont pas irréguliers à l'indicatif présent.

CHAPITRE 11 — SECH OP DER ADEM ASCHREIWEN
S'INSCRIRE À L'ADEM (PÔLE EMPLOI)

• **Passé composé**

	sech a/schreiwen (s'inscrire)	laanscht/kommen (passer)	mat/bréngen (apporter)
ech	hu mech ageschriwwen	si laanschtkomm	hu matbruecht
du	hues dech ageschriwwen	bass laanschtkomm	hues matbruecht
hien/si/hatt	huet sech ageschriwwen	ass laanschtkomm	huet matbruecht
mir	hunn eis ageschriwwen	si laanschtkomm	hu matbruecht
Dir/dir	hutt iech/lech ageschriwwen	sidd laanschtkomm	hutt matbruecht
si	hu sech ageschriwwen	si laanschtkomm	hu matbruecht

Vocabulaire

Expressions clés

Bonjour, ech wollt mech virstellen, ech sinn d'Madamm/den Här…
Bonjour, je voulais me présenter, je suis madame/monsieur…

Ech wéilt mech op der ADEM aschreiwen.
Je voudrais m'inscrire à l'ADEM.

Kréien ech direkt Chômage?
Est-ce que je vais immédiatement percevoir l'allocation chômage ?

Muss ech laanschtkommen oder geet dat och iwwert den Internet?
Dois-je passer ou est-ce aussi possible par Internet ?

Wat fir eng Dokumenter muss ech matbréngen?
Quels documents dois-je apporter ?

Exercices

Exercice n° 1

Imaginez que vous êtes demandeur d'emploi et que vous contactez l'ADEM en vue d'une inscription et de l'obtention d'un emploi. Comment allez-vous vous présenter ? Poser quelques questions au sujet des démarches à suivre ? Expliquer le secteur où vous souhaiteriez être actif ? Rédigez un dialogue de 80 à 100 mots que vous mettrez en scène en vous inspirant du dialogue du début du chapitre.

Exercice n° 2

En vous inspirant du même dialogue, imaginez (en une dizaine de répliques) la conversation que le demandeur d'emploi, monsieur Thill, pourrait avoir avec un conseiller professionnel. Vous supposerez que monsieur Thill souhaite travailler dans le secteur de l'hôtellerie-restauration ou du tourisme. Vous intégrerez dans ce dialogue différents types de questions.

Exercice n° 3

Traduisez les phrases suivantes en luxembourgeois :

1. Il faut que j'achète du lait.
2. À qui dois-tu téléphoner ?
3. Cela doit être vrai.
4. Tu n'es pas obligé de travailler ce matin.
5. Tu ne dois pas mentir.

Exercice n° 4

Traduisez les phrases suivantes en luxembourgeois :

1. Quels livres préfères-tu ? Les romans policiers ou les romans d'amour ?
2. Voici trois pull-overs. Lequel veux-tu acheter à ton père ?
3. Dans quel pays roule-t-on à gauche ?
4. Dans quel genre d'hôtel as-tu passé la nuit ?
5. De quelle voiture parles-tu ? De celle qui est garée sur le trottoir ?

III

Op der Aarbecht

Au travail

– Hein ? Quoi ?! Je dois venir immédiatement ? OK !!! Pas de problème !

CHAPITRE 12

Op eng Annonce reagéieren

Réagir à une annonce

OBJECTIFS

- Savoir se présenter professionnellement
- Savoir répondre à des questions relatives à ce contexte

CHAPITRE 12 — OP ENG ANNONCE REAGÉIEREN / RÉAGIR À UNE ANNONCE

Réagir à une annonce

Julie Theis : Bonjour, Julie Theis à l'appareil. Est-ce que je parle à monsieur Leroux ?

Pierre Leroux : Oui, lui-même.

Julie Theis : Bonjour, j'appelle pour l'annonce. Vous cherchez un libraire.

Pierre Leroux : Nous cherchons une personne pour renforcer notre équipe. Avez-vous déjà travaillé dans une librairie ?

Julie Theis : Oui, cinq ans. J'ai géré la vente et les commandes de livres par ordinateur, je me suis occupée de la clientèle et d'une série de tâches administratives.

Pierre Leroux : Vous êtes vraiment polyvalente, nous aurions besoin d'une personne telle que vous ! Quelles langues parlez-vous ?

Julie Theis : Le luxembourgeois, le français, l'allemand et l'anglais.

Pierre Leroux : C'est très bien, parce que la langue luxembourgeoise est indispensable pour travailler ici. Je vous contacterai pour un entretien d'embauche. Envoyez-moi votre C.V. et une lettre de motivation.

Julie Theis : Merci, je vous enverrai cela aujourd'hui par la poste !

Op eng Annonce reagéieren

Julie Theis: Moien, Julie Theis um Apparat. Schwätzen ech mam Här Leroux?

Pierre Leroux: Jo, dat sinn ech.

Julie Theis: Moien, ech ruffen u wéinst der Annonce. Dir sicht e Libraire.

Pierre Leroux: Jo, richteg. Also mir sichen eng Persoun, fir eis Ekipp ze verstäerken. Hutt Dir schonn an engem Bicherbuttek geschafft?

Julie Theis: Jo, fënnef Joer. Ech hunn de Verkaf an d'Bestellunge vun de Bicher iwwert de Computer geréiert, ech hu mech ëm d'Clientèle an ëm eng Rei administrativ Aufgabe gekëmmert.

Pierre Leroux: Dir sidd jo richteg polyvalent, esou eng Persoun bräichte mir! Wat fir Sprooche schwätzt Dir?

Julie Theis: Lëtzebuergesch, Franséisch, Däitsch an Englesch.

Pierre Leroux: 't ass ganz gutt, well d'Lëtzebuergesch ass Viraussetzung, fir hei ze schaffen. Ech kontaktéieren Iech da fir e Virstellungsgespréich. Schéckt mir Äre Liewenslaf an e Motivatiounsbréif.

Julie Theis: Merci, dat maachen ech. Ech schécken Iech d'Dokumenter direkt mat der Post!

CHAPITRE 12 — OP ENG ANNONCE REAGÉIEREN / RÉAGIR À UNE ANNONCE

Vocabulaire

den Aarbechtskontrakt (m.), d'Aarbechtskontrakter (pl.)
le contrat de travail

als … schaffen
travailler en tant que…

d'Beruffserfarung (f.), d'Beruffserfarungen (pl.)
l'expérience professionnelle

e puer Sprooche beherrschen
maîtriser plusieurs langues

beherrschen, beherrscht (hunn)
maîtriser

fir e Posten agestallt ginn
être sélectionné (recruté) pour un poste

(fir) eppes (d'Bestellungen, d'Comptabilitéit) verantwortlech sinn
avoir la responsabilité de (des commandes, de la comptabilité, etc.)

(fir) kandidéieren, kandidéiert (hunn)
poser sa candidature (pour)

de Liewenslaf (m.), d'Liewensleef (pl.)
le curriculum vitae

Grammaire

Les adjectifs relatifs aux langues nationales

En luxembourgeois, comme en allemand, les adjectifs qui désignent la nationalité de quelqu'un ou la langue, et les adjectifs de nationalité qui qualifient les noms prennent une majuscule (contrairement à l'usage en français) :

> Ech si **Lëtzebuerger**, ech schwätze **Lëtzebuergesch**, ech liesen e Buch op **Franséisch**.
> *Je suis luxembourgeois, je parle luxembourgeois, je lis un livre en français.*

L'inversion

On pratique l'inversion après un premier terme ou groupe de mots en tête de phrase :

> Ech hu **muer** e Virstellungsgespréich.
> *J'ai demain un entretien d'embauche.*
>
> **Muer** hunn ech e Virstellungsgespréich.
> *Demain, j'ai un entretien d'embauche.*

Conjugaison

Les verbes signalés par un * dans la liste du vocabulaire sont irréguliers à l'indicatif présent. Leurs formes irrégulières sont détaillées ci-dessous.

• **Présent de l'indicatif**

	waarden *(attendre)*	**sech këmmeren** *(s'occuper)*	**brauchen** *(avoir besoin de)*
ech	waarden	këmmere mech	brauch
du	waarts	këmmers dech	brauchs
hien/si/hatt	waart	këmmert sech	brauch
mir	waarden	këmmeren eis	brauchen
Dir/dir	waart	këmmert iech/lech	braucht
si	waarden	këmmeren sech	brauchen

Remarque : les verbes « waarden » et « sech këmmeren » ne sont pas irréguliers à l'indicatif présent.

• **Passé composé**

	waarden *(attendre)*	**sech këmmeren** *(s'occuper)*	**brauchen** *(avoir besoin de)*
ech	hu gewaart	hu mech gekëmmert	hu gebraucht
du	hues gewaart	hues dech gekëmmert	hues gebraucht
hien/si/hatt	huet gewaart	huet sech gekëmmert	huet gebraucht
mir	hu gewaart	hunn eis gekëmmert	hu gebraucht
Dir/dir	hutt gewaart	hutt iech/lech gekëmmert	hutt gebraucht
si	hu gewaart	hu sech gekëmmert	hu gebraucht

Remarques

→ Le verbe « brauchen » est fréquemment employé au conditionnel pour exprimer une demande polie :
Ech **bräicht** méi Zäit, fir mat dëser Aarbecht fäerdeg ze ginn.
J'aurais besoin de plus de temps pour achever ce travail.
Bräicht Dir eppes aneres?
Auriez-vous besoin d'autre chose ?

→ Le verbe « waarden » se construit avec **la préposition « op »** suivie de l'accusatif :
Ech waarde scho laang op dech!
Je t'attends depuis longtemps !

→ Le verbe « sech këmmeren » se construit avec **la préposition « ëm »** suivie de l'accusatif :
De Jacques **këmmert sech ëm** seng Geschwëster, wa seng Elteren net do sinn.
Jacques s'occupe de ses frères et sœurs quand ses parents ne sont pas là.

Vocabulaire

Expressions clés

Ech ruffen u wéinst der Annonce.
Je téléphone pour l'annonce.

Vocabulaire

de Motivatiounsbréif, d'Motivatiounsbréiwer (pl.)
la lettre de motivation

sech fir eng Plaz mellen
postuler à un emploi

sech mellen, gemellt (hunn)
postuler, s'inscrire, se manifester

den Teamgeescht
l'esprit d'équipe

eng fräi Plaz
une offre d'emploi

responsabel si fir ...
être responsable de...

d'Virstellungsgespréich (n.), d'Virstellungsgespréicher (pl.)
l'entretien d'embauche

CHAPITRE 12 OP ENG ANNONCE REAGÉIEREN / RÉAGIR À UNE ANNONCE

Ech kandidéiere fir...
Je pose ma candidature pour (le poste de)...
Ech hunn Teamgeescht a si capabel, Initiativen ze huelen.
J'ai l'esprit d'équipe et suis capable de prendre des initiatives.
Ech hu fënnef Joer Beruffserfarung.
J'ai cinq ans d'expérience.
Ech schwätze Lëtzebuergesch, Däitsch a Franséisch.
Je parle luxembourgeois, allemand et français.
Ech si polyvalent, ech hu verschidden Aufgaben am Betrib, wou ech schaffen.
Je suis polyvalent, j'ai différentes responsabilités dans l'entreprise où je travaille.

Exercices

Exercice n° 1

Vous venez d'ouvrir un restaurant et vous êtes à la recherche d'un cuisinier. Rétablissez l'ordre du dialogue suivant, dans lequel une personne réagit à votre annonce d'embauche !

1. **Madamm Guerand:** Dat ass wichteg, well mir eng engagéiert a kreativ Persoun sichen, déi bereet ass ze léieren. Ech schloen Iech Follgendes vir:
Dir kommt an de Restaurant, mir probéieren zesumme verschidde Kachrezepter aus,
an ech kucken, wat dat gëtt.

2. **Här Morales:** Moien, Guy Morales um Telefon, ech ruffe fir d'Annonce als Kach un.
Ass déi Plaz nach fräi?

3. **Madamm Guerand:** Restaurant „Beim Gisèle", moien!

4. **Här Morales:** Jo, ech sinn domat averstanen. Wéini kéinte mir eis gesinn?

5. **Madamm Guerand:** Kommt muer de Mëtteg, wann dat fir Iech geet.

6. **Madamm Guerand:** Moien, Här Morales. Jo, d'Plaz ass nach fräi. Mir sinn nämlech amgaangen, eng Persoun ze sichen, fir eis Kachekipp ze verstäerken. Hutt Dir Erfarung an der lëtzebuergescher a franséischer Gastronomie?
Dat ass genau dat, wat mir an eisem Restaurant ubidden.

7. **Här Morales:** Jo, ech hunn dräi Joer an engem franséische Restaurant geschafft, mee de Besëtzer ass an d'Pensioun gaangen. Ech kennen d'lëtzebuergesch Kichen e bësse manner, mee ech si bereet ze léieren. Ech krut ëmmer gesot, datt ech kreativ sinn an ëmmer bereet ze léieren!

Exercice n° 2

Complétez le dialogue en choisissant les expressions qui conviennent parmi la liste suivante :

Liewenslaf – beherrscht – melle(n) – ruffen u(n) – schwätze(n) – schécke(n)

Här Ballestrat: Bonjour, ech .... wéinst der Annonce als Camionschauffer. Ech fuere scho Camionen zënter fofzéng Joer, mee mäi Betrib huet grad seng Dieren zougemaach.

Employeur: Dir hutt scho vill Erfarung, dat ass eng positiv Saach! Wéi eng Sprooche .... Dir?

Här Ballestrat: Ech .... Lëtzebuergesch, Franséisch a Spuenesch.

Employeur: Hutt Dir e .... an e Motivatiounsbréif?

Här Ballestrat: Jo, dat hunn ech! Ech .... Iech se. Wéini kéint ech eng Äntwert kréien?

Employeur: Ech liesen Är Dokumenter a .... mech geschwë bei Iech.

– Passez-moi votre chef, j'ai une super affaire à lui proposer.

CHAPITRE 13

Um Telefon
Au téléphone

OBJECTIFS

- Savoir utiliser des expressions relatives à une conversation téléphonique
- Savoir donner des explications *ad hoc*

CHAPITRE 13 — UM TELEFON / AU TÉLÉPHONE

Au téléphone

Madame Martin : Société Art and Music, Patricia Martin, en quoi puis-je vous aider ?

Monsieur Lambert : Bonjour, ici Pierre Lambert de la société Techno-Rock. Je suis responsable des commandes. Monsieur Neu est-il là, s'il vous plaît ?

Madame Martin : Je suis désolée. Monsieur Neu n'est pas joignable pour le moment, il est en réunion. Souhaitez-vous lui laisser un message ?

Monsieur Lambert : Oui, il s'agit de la sonorisation de l'appareil que nous venons d'acheter chez vous. Apparemment, il y a un problème d'après notre technicien. Dites à monsieur Neu qu'il doit me rappeler aussi vite que possible.

Madame Martin : J'informerai monsieur Neu dès qu'il sera disponible. Pourriez-vous me laisser un numéro de téléphone afin qu'il puisse vous rappeler ?

Monsieur Lambert : Voici mon numéro de téléphone portable : 661 123 456.

Madame Martin : C'est noté. Je vous remercie et vous souhaite une bonne journée.

Monsieur Lambert : Au revoir, madame Martin.

Um Telefon

Madamm Martin: Société Art and Music, Patricia Martin, wéi kann ech Iech hëllefen?

Här Lambert: Moien, hei ass de Pierre Lambert vun der Société Techno-Rock. Ech si fir d'Bestellungen zoustänneg. Ass den Här Neu do, wannechgelift?

Madamm Martin: Et deet mir leed. Den Här Neu ass am Moment net ze erreechen, hien ass an enger Reunioun. Wëllt Dir him eng Noriicht hannerloossen?

Här Lambert: Jo, et geet ëm d'Tounqualitéit vum Apparat, dee mir grad bei Iech kaaft hunn. Anscheinend ass do e Problem, sinn ech vun eisem Techniker gewuer ginn. Sot dem Här Neu, hie soll mir wannechgelift esou séier wéi méiglech zeréckruffen.

Madamm Martin: Ech informéieren den Här Neu, esoubal hien disponibel ass. Kéint Dir mir eng Telefonsnummer hannerloossen, fir datt hien Iech zeréckrifft?

Här Lambert: Hei ass meng Handysnummer: 661 123 456.

Madamm Martin: 't ass notéiert. Ech soen Iech Merci a wënschen Iech nach e schéinen Dag.

Här Lambert: Äddi, Madamm Martin.

CHAPITRE 13 — UM TELEFON / AU TÉLÉPHONE

Vocabulaire

an/hänken, agehaang (hunn)
raccrocher

beschäftegt
occupé (personne)

besat
occupé (téléphone)

et ass besat
c'est occupé

een zeréck/ruffen*, zeréckgeruff (hunn)
rappeler quelqu'un

een (accusatif) oder engem (datif) u/ruffen*, ugeruff (hunn)
téléphoner à quelqu'un

ënnerbriechen*, ënnerbrach (hunn)
interrompre, couper

ënnerbrach ginn
être coupé

erreechbar, disponibel
joignable, disponible

erreechen, erreecht (hunn)
joindre

grad mat engem telefonéieren
avoir quelqu'un au téléphone

hannerloossen*, hannerlooss (hunn)
laisser (un message, derrière soi)

loossen*, gelooss (hunn)
laisser

e Message loossen (ou : hannerloossen)
laisser un message

den Handy (m.), d'Handyen (pl.)
le téléphone portable

Grammaire

Le passé récent

Le passé récent est un temps du passé qui exprime une action se situant immédiatement avant le moment où l'on parle. En luxembourgeois, le passé récent est formé du passé composé combiné avec l'adverbe « **grad** » :

> Ech wollt mat mengem Chef schwätzen, mee hien ass grad fortgaangen.
> *Je voulais parler à mon chef, mais il vient de partir.*

> Ech hunn dem Här Neu grad ugeruff, mee hie war net ze erreechen.
> *Je viens d'appeler monsieur Neu, mais il n'était pas joignable.*

L'expression de la conséquence

La proposition subordonnée de conséquence exprime le résultat de l'action de la proposition principale. En luxembourgeois, elle est introduite par la locution conjonctionnelle « **(e)sou... datt** » :

> Hie war **sou** krank, **datt** hien net konnt schaffe goen.
> *Il était tellement malade qu'il n'a pas pu aller travailler.*

> Si si **sou** beschäftegt, **datt** si keng Zäit hunn, fir iessen ze goen.
> *Ils sont si occupés qu'ils n'ont pas le temps d'aller manger.*

Conjugaison

Les verbes signalés par un * dans la liste du vocabulaire sont irréguliers à l'indicatif présent. Leurs formes irrégulières sont détaillées ci-dessous.

• Présent de l'indicatif

	ënnerbriechen (interrompre, couper)	**soen** (dire)	**loossen** (laisser)
ech	ënnerbriechen	soen	loossen
du	ënnerbréchs	sees	léiss
hien/si/hatt	ënnerbrécht	seet	léisst
mir	ënnerbriechen	soen	loossen
Dir/dir	ënnerbriecht	sot	loosst
si	ënnerbriechen	soen	loossen

• Passé composé

	ënnerbriechen (interrompre, couper)	**soen** (dire)	**loossen** (laisser)
ech	hunn ënnerbrach	hu gesot	hu gelooss
du	hues ënnerbrach	hues gesot	hues gelooss
hien/si/hatt	huet ënnerbrach	huet gesot	huet gelooss
mir	hunn ënnerbrach	hu gesot	hu gelooss
Dir/dir	hutt ënnerbrach	hutt gesot	hutt gelooss
si	hunn ënnerbrach	hu gesot	hu gelooss

CHAPITRE 13 — UM TELEFON / AU TÉLÉPHONE

Vocabulaire

de Repondeur (m.), d'Repondeuren (pl.)
le répondeur

d'Reunioun (f.), d'Reuniounen (pl.)
la réunion

den Telefon (m.), d'Telefonen (pl.)
le téléphone (fixe)

(den Telefon) op/hiewen, opgehuewen (hunn)
décrocher (le téléphone)

telefonéieren, telefonéiert (hunn)
téléphoner

d'Telefonsnummer/ d'Handysnummer (f.), d' –nummeren (pl.)
le numéro de téléphone (portable)

am Telefonsbuch no/ kucken, nogekuckt (hunn)
consulter l'annuaire

soen*, gesot (hunn)
dire

ugeruff ginn
recevoir un coup de téléphone

Vocabulaire

Expressions clés

Bonjour, 't ass den Här... / d'Madamm... um Apparat.
Bonjour, c'est monsieur... / madame... à l'appareil.

Bonjour, kéint ech mam Här... / mat der Madamm... schwätzen?
Bonjour, pourrais-je parler à monsieur... / madame... ?

Ech bräicht Informatiounen iwwert (+ accusatif)...
J'aurais besoin d'informations au sujet de...

Wéini ass hien / si disponibel?
Quand sera-t-il / elle disponible ?

Kéint ech Iech e Message hannerloossen?
Pourrais-je vous laisser un message ?

Meng Handysnummer ass den...
Mon numéro de téléphone portable est le...

Ech si vun... bis... erreechbar
Je suis joignable de... à...

Ech verbannen Iech weider.
Je transfère votre appel.

Ech ruffen him an e puer Minutten zeréck.
Je vais le rappeler dans quelques minutes.

Ech probéieren et méi spéit.
J'essaierai plus tard.

Entschëllegt, mir sinn ënnerbrach ginn.
Excusez-moi, nous avons été coupés.

Bleift wannechgelift um Apparat!
Ne quittez pas !

Et hieft keen op!
Personne ne décroche !

Exercices

Exercice n° 1

Complétez le dialogue suivant en imaginant les répliques manquantes :

Julie Dubois: Bonjour, Julie Dubois um Apparat, kéint ech mam Här Müller schwätzen?

Sekretär: ....

Julie Dubois: A sou, wéini wier hien erreechbar?

Sekretär: Ee Moment, ech kucken an sengem Agenda, well hien an der leschter Zäit ....

Julie Dubois: Ech verstinn, dat kënnt heiansdo vir. Kann ech him ....
....?

Sekretär: Selbstverständlech! Waart eng Sekonn, ech huele mir e Bic! Also, wéi ass den Numm scho méi?

Julie Dubois: Julie Dubois, sot dem Här Müller, datt ....
....

Sekretär: Maachen ech, hie .... lech .... , esoubal seng Reunioun eriwwer ass!

Julie Dubois: Merci fir Är Hëllef! Äddi!

Exercice n° 2

Imaginez une conversation téléphonique en vous appuyant sur l'une des situations de communication suivantes. Inversez les rôles !

1. Vous appelez la billeterie d'un théâtre pour réserver vos places.

2. Vous appelez votre opérateur de téléphonie mobile pour obtenir des informations sur les nouveaux produits.

3. Vous téléphonez à la mairie de votre commune, car vous souhaitez vous renseigner sur les différents cours du soir qu'elle propose.

– Quelle est votre première motivation ?
– Le fric !

CHAPITRE 14

En Astellungs-gespréich

Un entretien d'embauche

OBJECTIFS

- Savoir argumenter, expliquer ses choix avec des phrases plus complexes (subordonnées introduites par « *well* »)
- Utiliser quelques formules pour exprimer son opinion

Un entretien d'embauche

Madame Kohl : Bonjour, monsieur Ferreira. Vous êtes ici aujourd'hui parce que vous êtes intéressé par le poste de commercial.

Monsieur Ferreira : Oui, votre annonce dans le journal m'a tout de suite intéressé.

Madame Kohl : Dans votre C.V., je lis que vous travaillez depuis dix ans pour la même société. Qu'est-ce qui vous motive à changer ?

Monsieur Ferreira : À mon avis, il faut faire autre chose de temps en temps. Dans ma société actuelle, je ne vois plus beaucoup de possibilités d'évolution.

Madame Kohl : Alors pourquoi est-ce notre société qui vous intéresse ?

Monsieur Ferreira : Je pense que votre société a des idées innovantes. En plus, vous travaillez sur un marché international, et c'est vraiment très intéressant.

Madame Kohl : Que trouvez-vous de si intéressant dans l'aspect international de notre société ?

Monsieur Ferreira : Eh bien, j'espère que je pourrai y utiliser davantage mes connaissances linguistiques. Je parle six langues. En plus, je suis très flexible et mobile. Je suis célibataire et je n'ai pas d'enfants.

Madame Kohl : Bien, parlons donc de vos compétences professionnelles…

En Astellungsgespréich

Madamm Kohl: Bonjour, Här Ferreira. Dir sidd also haut hei, well Dir um Poste vum Commercial interesséiert sidd.

Här Ferreira: Jo, Är Annonce an der Zeitung huet mech direkt interesséiert.

Madamm Kohl: An Ärem CV steet, dass Dir schonn zéng Joer fir déi selwecht Firma schafft. Wat motivéiert Iech, fir ze wiesselen?

Här Ferreira: Menger Meenung no soll een heiansdo eppes Aneres maachen. A menger aktueller Firma gesinn ech net méi vill Méiglechkeete fir meng Carrière.

Madamm Kohl: Firwat interesséiert eis Firma Iech dann?

Här Ferreira: Ech mengen, dass hei eng Firma mat innovativen Iddien ass. Ausserdeem schafft Dir ganz international, an dat ass wierklech immens interessant.

Madamm Kohl: Wat fannt Der dann sou interessant un deem internationalen Aspekt?

Här Ferreira: Ma ech hoffen, datt ech hei och meng Sproochkenntnesser méi kéint gebrauchen. Ech schwätze sechs Sproochen. En plus sinn ech zimmlech flexibel a mobil. Ech si Jonggesell an hu keng Kanner.

Madamm Kohl: Gutt, da loosse mer mol iwwer Är berufflech Kompetenze schwätzen…

CHAPITRE 14 — EN ASTELLUNGSGESPRÉICH / UN ENTRETIEN D'EMBAUC[HE]

Vocabulaire

aner / *autre*

d'Annonce (f.), d'Annoncen (pl.)
l'annonce

den Aspekt (m.), d'Aspekter (pl.)
l'aspect

d'Astellungsgespréich (n.), d'Astellungsgespréicher (pl.)
l'entretien d'embauche

berufflech / *professionnel*

de Betrib (m.), d'Betriber (pl.)
l'entreprise

d'Carrière (f.), d'Carrièren (pl.)
la carrière

de CV (m.), d'CVen (pl.) (= de Liewenslaf, m.)
le C.V.

déi selwecht / *la même*

disponibel / *disponible*

eppes Aneres / *autre chose*

fannen*, fonnt (hunn)
trouver

d'Firma (f.), d'Firmaen (pl.)
la société

flexibel / *flexible*

Grammaire

La subordonnée introduite par « well »

En général, la subordonnée introduite par « well » (précédé d'une virgule) exprime une cause et répond à la question « firwat? » *(pourquoi ?)* :

Firwat wëllt Dir wiesselen?
Pourquoi voulez-vous changer ?
(Ech wëll wiesselen,) well meng Aarbecht net méi interessant **ass**.
(Je veux changer) parce que *mon travail n'est plus intéressant.*
Firwat wëllt Dir bei eis schaffen?
Pourquoi voulez-vous travailler chez nous ?
Well de Posten interessant **ass**.
Parce que le poste est intéressant.

Le verbe conjugué de la subordonnée se place alors à la fin de la subordonnée. S'il s'agit d'un verbe de modalité, il se place en revanche avant le verbe à l'infinitif (il n'est cependant pas tout à fait faux de le placer en dernier) :

Ech interesséiere mech fir dee Posten, **well** ech net méi a menger aktueller Firma **wëll** schaffen.
Je m'intéresse à ce poste parce que je ne veux plus travailler dans ma société actuelle.

Conjugaison

Les verbes signalés par un * dans la liste du vocabulaire sont irréguliers à l'indicatif présent. Leurs formes irrégulières sont détaillées ci-dessous.

	fannen *(trouver)*	**loossen** *(laisser)*
ech	fannen	loossen
du	fënns	léiss
hien/si/hatt	fënnt	léisst
mir	fannen	loossen
Dir/dir	fannt	loosst
si	fannen	loossen

Le verbe « **loossen** » est aussi utilisé pour exprimer un impératif à la 1ʳᵉ personne du pluriel (avec le pronom « **mer** » qui est la version atone de « **mir** ») :
Loosse mer schaffen!
Travaillons !

Vocabulaire

Expressions clés

→ eppes Aneres *(autre chose)*
  eppes Neies *(quelque chose de nouveau)*

→ Tout adjectif peut être utilisé en combinaison avec **eppes + adj. + -es** ou **näischt + adj. + -es** pour exprimer *« quelque chose de »… ou « rien de »…* :
  eppes/näischt Neies *(quelque chose / rien de nouveau)*
  eppes/näischt Ales *(quelque chose / rien de vieux)*
  eppes/näischt Guddes *(quelque chose / rien de bon)*
  eppes/näischt Schéines *(quelque chose / rien de beau)*
  eppes/näischt Interessantes *(quelque chose / rien d'intéressant)*

→ **et** muss/soll **een** + verbe à l'infinitif
  il faut + verbe à l'infinitif

→ Le pronom **et** est nécessaire en début de phrase seulement. Si l'on commence la phrase par un adverbe par exemple (ou par une subordonnée ou autre chose), le **et** est supprimé :
  Heiansdo muss een eppes Neies probéieren.
  Parfois, il faut essayer quelque chose de nouveau.

→ Ech interesséiere mech **fir** de Posten.
  Je m'intéresse au poste.
  Ech sinn **um** Posten interesséiert.
  Je suis intéressé par le poste.
  De Posten interesséiert mech.
  Le poste m'intéresse.

Vocabulaire

heiansdo
de temps en temps, parfois

hoffen, gehofft (hunn)
espérer

d'Iddi (f.), d'Iddien (pl.)
l'idée

innovativ / *innovant*

interesséiert sinn un
être intéressé par

de Jonggesell (m.), d'Jonggesellen (pl.)
le célibataire (m.)

d'Jonggesellin (f.), d'Jonggesellinnen (pl.)
la célibataire (f.)

d'Kand (n.), d'Kanner (pl.)
l'enfant

d'Kompetenz (f.), d'Kompetenzen (pl.)
la compétence

liesen, gelies (hunn) / *lire*

loossen*, gelooss (hunn)
laisser

d'Meenung (f.), d'Meenungen (pl.)
l'opinion, l'avis

mengen, gemengt (hunn)
penser, supposer

menger Meenung no
à mon avis

mobil / *mobile*

motivéieren, motivéiert (hunn)
motiver

de Posten (m.), d'Posten (pl.)
le poste

CHAPITRE 14 — EN ASTELLUNGSGESPRÉICH / UN ENTRETIEN D'EMBAUC

Vocabulaire

d'Plaz (f.), d'Plazen (pl.)
ici : l'emploi

schwätzen (iwwer), geschwat (hunn)
parler de

sech interesséieren (fir), interesséiert (hunn)
s'intéresser à

sech renséignéieren, renseignéiert (hunn)
se renseigner

d'Sproochkenntnes (f.), d'Sproochkenntnesser (pl.)
les connaissances linguistiques

stoen (et steet)
c'est marqué, c'est écrit (ici)

well
parce que, puisque

wierklech
vraiment

wiesselen, gewiesselt (hunn)
changer

zefridden
satisfait, content

d'Zeitung (f.), d'Zeitungen (pl.)
le journal

zimmlech
assez, relativement

Ech schaffe schonn zéng Joer fir déi selwecht Firma.
Je travaille déjà depuis dix ans pour la même société.

Da loosse mer mol iwwer... schwätzen.
Parlons donc de...

→ Pour exprimer son opinion :
Ech **mengen**, de Posten **ass** interessant.
ou : Ech **mengen**, **dass** de Posten interessant **ass**.
Je pense que le poste est intéressant.
(La subordonnée peut être introduite ou non par « dass » ; attention à la place du verbe !)
Ech **fannen**, et **muss** een heiansdo wiesselen.
ou : Ech **fannen**, dass een heiansdo **muss** wiesselen.
Je trouve qu'il faut changer de temps en temps.
Ech **sinn der Meenung**, et **muss** een heiansdo wiesselen.
ou : Ech sinn der Meenung, **dass** een heiansdo **muss** wiesselen.
Je suis d'avis qu'il faut changer de temps en temps.
Menger Meenung no soll een heiansdo wiesselen.
À mon avis, il faut changer de temps en temps.

L'état civil

Un aspect peut être important dans le C.V. : la situation familiale (« d'Familljesituatioun »).

Outre le « Jonggesell » ou la « Jonggesellin » *(le ou la célibataire)* qui est « leedeg » (adjectif exprimant la même chose), on trouve :
– bestuet *(marié/e)*
– gescheet *(divorcé/e)*
– getrennt *(séparé/e)*
– gepacst *(pacsé/e)*
– Wittmann *(veuf)*
– Wittfra *(veuve)*

Exercice

Exercice

Reliez pour chaque proposition les deux phrases par « dass » ou « well ».

1. Ech sichen eng nei Aarbecht. Meng al Aarbecht gefält mir net méi. (well)
2. Ech hoffen. Déi nei Aarbecht ass interessant. (dass)
3. Ech interesséiere mech fir déi Plaz. Si huet en internationalen Aspekt. (well)
4. Ech sinn der Meenung. Et muss een heiansdo eppes Aneres maachen. (dass)
5. Ech si ganz zefridden. Meng Aarbecht ass immens interessant. (well)
6. De Paul liest d'Annoncen an der Zeitung. Hie sicht eng nei Plaz. (well)
7. Hie fënnt. Hie soll seng Sproochkompetenze méi gebrauchen. (dass)
8. Hie mengt. Hie ka Carrière bei der neier Firma maachen. (dass)
9. D'Firma engagéiert hien. Hien huet en interessante CV. (well)
10. De Paul ass frou. Hien huet eng nei Aarbecht fonnt. (well oder dass)

– Nous sommes tous réunis pour fixer la date de la prochaine réunion !

CHAPITRE 15

Eng Reunioun preparéieren an organiséieren

Préparer et organiser une réunion

OBJECTIFS

- Savoir répondre à des questions circonstanciées relatives à la préparation d'une réunion
- Savoir donner des explications pratiques dans ce contexte

CHAPITRE 15 — ENG REUNIOUN PREPARÉIEREN AN ORGANISÉIEREN
PRÉPARER ET ORGANISER UNE RÉUNION

Préparer et organiser une réunion

Monsieur Hoffmann : Madame Polifka, pour quand la réunion avec le personnel est-elle prévue ?

Mademoiselle Polifka : Le 16 mai à 15 heures.

Monsieur Hoffmann : Bien. Pensez, s'il-vous-plaît, à envoyer (par mail) le lien en même temps que l'ordre du jour. Il est important que tout le monde participe à cette réunion, également les employés en télétravail.

Madame Polifka : Tout est prévu. J'espère seulement que cette fois la connexion sera meilleure. La dernière fois, quelques collègues, qui travaillent depuis leur domicile, ont eu des problèmes pour se joindre en ligne (à cette réunion).

Monsieur Hoffmann : Oui, c'est pour cette raison que nous avons décalé la réunion. Tout devrait maintenant fonctionner. Devons-nous encore une fois passer en revue l'ordre du jour ?

Madame Polifka : Oui, d'abord les salutations, viennent ensuite la présentation de deux nouveaux projets, les questions et les critiques y relatives. Le point suivant : les résultats de l'enquête de satisfaction concernant les modalités du travail à distance, et comme dernier point, nous rassemblons des idées en vue de notre fête de l'été.

Monsieur Hoffmann : Cela semble parfait. Quelle est la durée prévue de la réunion ?

Madame Polifka : Une heure au maximum. Votre prochain rendez-vous est déjà à 16 h 30.

Monsieur Hoffmann : Parfait. Merci, Madame Polifka. Je vais maintenant à la cantine.

Eng Reunioun preparéieren an organiséieren

Här Hoffmann: Madamm Polifka, fir wéini ass d'Versammlung mam Personal geplangt?

Madamm Polifka: De 16. Mee ëm 15 Auer.

Här Hoffmann: Gutt. Denkt wannechgelift drun, de Link mam Ordre du jour matzeschécken. Et ass wichteg, dass jidderee bei dëser Reunioun dobäi ass, och déi Employéen am Teletravail.

Madamm Polifka: Et ass alles virgesinn. Ech hoffe just, dass et dës Kéier mat der Verbindung besser klappt. D'lescht Kéier haten e puer vun eisen Aarbechtskolleegen a -kolleeginnen, déi vun doheem aus schaffen, Problemer, sech bäizeschalten.

Här Hoffmann: Jo, dofir hu mir jo d'Reunioun op en aneren Datum verluecht. Dat misst elo alles fonctionéieren. Solle mer den Ordre du jour nach eng Kéier duerchgoen?

Madamm Polifka: Jo, also éischtens Begréissung, da kënnt d'Presentatioun vun zwee neie Projeten, Froen a Kriticken dozou; als nächste Punkt d'Resultater iwwer d'Ëmfro zur Zefriddenheet mat den Homeoffice-Modalitéiten, an als leschte Punkt sammele mer Iddie fir eist Summerfest.

Här Hoffmann: Dat kléngt perfekt. Fir wéi laang ass d'Reunioun geplangt?

Madamm Polifka: Maximal eng Stonn; Dir hutt jo den nächste Rendez-vous schonn um hallwer 5.

Här Hoffmann: Tipptopp. Merci, Madamm Polifka. Da ginn ech elo an d'Kantin.

CHAPITRE 15 — ENG REUNIOUN PREPARÉIEREN AN ORGANISÉIEREN
PRÉPARER ET ORGANISER UNE RÉUNION

Vocabulaire

den Aarbechtskolleeg (m.), d'Aarbechtskolleegen (pl.)
le collègue de travail

d'Aarbechtskolleegin (f.), d'Aarbechtskolleeginnen (pl.)
la collègue de travail

(sech) bäischalten
se joindre, participer en ligne

bei enger Versammlung (derbäi) sinn
assister à une réunion

duerch/kucken, duerchgekuckt (hunn)
passer en revue

duerch/goen, duerchgaang(en) (sinn)
passer en revue

d'Ëmfro, d'Ëmfroen (pl.)
le sondage

klappen
ici : fonctionner

mat/schécken, matgeschéckt (hunn)
joindre (par courrier ou mail)

d'Modalitéit, d'Modalitéiten (f.)
la modalité

duerch/goen, duerchgaang(en) (sinn)
passer en revue

den Ordre du jour (m.), d'Ordre-du-jouren (pl.)
l'ordre du jour

den Ordre du jour festleeën
fixer l'ordre du jour

organiséieren / *organiser*

de Participant (m.), d'Participanten (pl.)
le participant

Grammaire

Les particules verbales

Il existe des particules qui sont **tantôt séparables, tantôt inséparables** : duerch-, ëm-, ënner-, voll-.

Duerch : le plus souvent inséparable, toujours transitif. Séparable et accentué, transitif uniquement dans le sens « à fond ».	D'Police duerchsicht dat ganzt Haus. *La police fouille toute la maison.* Ech liesen déi ganz Säit duerch. *Je lis (à fond) toute la page.*
Ëm : inséparable dans les verbes transitifs, au sens d'« entourer » ou de « contourner ». Séparable et accentué, transitif, intransitif ou réfléchi.	D'Police ëmstellt d'Haus. *La police encercle la maison.* Kéiert ëm! *Faites demi-tour !*
Ënner : inséparable dans la plupart des verbes transitifs. Séparable et accentué dans les verbes intransitifs, uniquement au sens de « disparaître », « se coucher ».	Den Dokter ënnersicht de Patient. *Le médecin ausculte le patient.* D'Schëff geet ënner. *Le bateau coule.*
Voll : inséparable, transitif dans le sens figuré de mener une action jusqu'au bout, d'achever. Séparable et accentué, au sens de « remplir ».	Hatt vollbréngt e klengt Wonner. *Elle accomplit un petit miracle.* De Chauffer tankt säin Auto voll. *Le chauffeur fait le plein de sa voiture.*

Les adverbes d'affirmation et de négation

En luxembourgeois, il existe des adverbes d'affirmation et de négation qui peuvent être employés comme phrase entière :
Jo, majo (oui, certes), **dach** (si), **genee** (tout à fait), **bestëmmt** (certainement), **sécher** (bien sûr), **kloer** (certes), **gewëss** (sûrement, sûrement pas), **ni** (jamais), **nee** (non), **nimools** (jamais), **knapps** (à peine), **a sou** (tiens, ah bon).

Weess du, den Hubert aus eiser Klass deemools?
Tu sais, Hubert, de notre ancienne classe ?
Jo, wat ass mat him?
Oui, eh bien ? Qu'y a-t-il avec lui ?
Hien ass elo Bankdirekter!
Il est maintenant directeur de banque !
Nee, dat ass net ze gleewen!
Non, ce n'est pas croyable !
Dach, gleef mir et, hien ass elo Direkter vun enger Bank!
Si, crois-moi, il est maintenant directeur de banque.
A sou! Wien hätt dat geduecht?
Tiens ! Qui l'aurait dit ?

Conjugaison

Les verbes signalés par un * dans la liste du vocabulaire sont irréguliers à l'indicatif présent. Leurs formes irrégulières sont détaillées ci-dessous.

• Présent de l'indicatif

	virgesinn *(prévoir)*	**vergiessen** *(oublier)*	**widderhuelen** *(répéter)*
ech	gesi vir	vergiessen	widderhuelen
du	gesäis vir	vergëss	widderhëls
hien/si/hatt	gesäit vir	vergësst	widderhëlt
mir	gesi vir	vergiessen	widderhuelen
Dir/dir	gesitt vir	vergiesst	widderhuelt
si	gesi vir	vergiessen	widderhuelen

**d'Participante (f.),
d'Participantëen**
la participante

plangen / *planifier*

den Teletravail (m.), den Homeoffice (m.)
le télétravail

**d'Verbindung (f.),
d'Verbindungen (pl.)**
la connexion

vergiessen*, vergiess (hunn) / *oublier*

**d'Versammlung (f.),
d'Versammlungen (pl.),
d'Reunioun (f.),
d'Reuniounen (pl.)**
la réunion

eng Reunioun vir / verleeën / verleeën
*avancer/reporter
une réunion*

verleeën, verluecht (hunn)
reporter

**vir/verleeën,
virverluecht (hunn)**
avancer

virgesinn / *prévu*

**widderhuelen*,
widderholl (hunn)**
répéter

CHAPITRE 15

ENG REUNIOUN PREPARÉIEREN AN ORGANISÉIEREN
PRÉPARER ET ORGANISER UNE RÉUNION

• **Passé composé**

	virgesinn *(prévoir)*	**vergiessen** *(oublier)*	**widderhuelen** *(répéter)*
ech	hu virgesinn	hu vergiess	hu widderholl
du	hues virgesinn	hues vergiess	hues widderholl
hien/si/hatt	huet virgesinn	huet vergiess	huet widderholl
mir	hu virgesinn	hu vergiess	hu widderholl
Dir/dir	hutt virgesinn	hutt vergiess	hutt widderholl
si	hu virgesinn	hu vergiess	hu widderholl

Vocabulaire

Vocabulaire

Januar / *janvier*
Februar / *février*
Mäerz / *mars*
Abrëll / *avril*
Mee / *mai*
Juni / *juin*
Juli / *juillet*
August / *août*
September / *septembre*
Oktober / *octobre*
November / *novembre*
Dezember / *décembre*

Les mois et les dates

Pour indiquer une date, on utilise les nombres ordinaux (voir le chapitre 21, p. 185) suivis du mois.

Haut ass den 10. Mäerz. (Lire : den **zéngte** Mäerz)
Aujourd'hui, nous sommes le 10 mars.

D'Reunioun ass de 15. Mee. (Lire : de **fofzéngte** Mee)
La réunion aura lieu le 15 mai.

De Rendez-vous ass op de 25. Juni verluecht ginn.
(Lire : de **fënnefanzwanzegste** Juni)
Le rendez-vous a été reporté au 25 juin.

Expressions clés

Wéini soll d'Versammlung sinn?
Quand a lieu la réunion ?
De 27. Juni ëm 17 Auer. *Le 27 juin à 17 heures.*

Hutt Dir den Datum fir d'Reunioun mam Personal scho festgeluecht?
Avez-vous déjà fixé la date pour la réunion avec le personnel ?

D'Reunioun ass verluecht / virverluecht / annuléiert ginn. *La réunion a été reportée / avancée / annulée.*

Mir hunn den Ordre du jour festgeluecht.
Nous avons fixé l'ordre du jour.

Exercices

Exercice n° 1
Rétablissez l'ordre des répliques du dialogue suivant :
1. –**Jo**, mee wou?
2. –So, Robert, hues du mäi Prabbeli gesinn? Ech fannen en net méi ërem.
3. –**Kloer**, dat wier schued. Komm, ech hëllefen dir, zu zwee wäerte mir dee Prabbeli **jo** fannen!
4. –Dat ass eng gutt Fro! **Sécher** an engem Geschäft!
5. –Ech hoffen net, dat wier schued, ech hunn en eréischt viru Kuerzem kaaft.
6. –**Nee**, du hues e **bestëmmt** iergendwou leie gelooss.

Exercice n° 2
Imaginez un dialogue d'une dizaine de répliques dans lequel vous êtes amené à organiser une réunion de service (date, lieu, ordre du jour) avec un collaborateur.

Exercice n° 3
Complétez la conversation suivante en imaginant les répliques manquantes :

Jeanne Dubois: Lucien, wéini soll d'Versammlung mat eisen Aarbechtkolleege (*collègues de travail*) sinn?

Lucien Reuland: Den .... ëm ....

Jeanne Dubois: Et ass wouer, mir hu jo d'Reunioun mat den Delegéierte vum Personal verluecht (*reporter*).

Lucien Reuland: Effektiv, well ....

Jeanne Dubois: Jo, ech hat dat komplett vergiess! Hutt Dir schonn .... virbereet (*préparé*)?

Lucien Reuland: Deelweis (*en partie*), jo, ech muss nach .... maachen, an ech wollt dat Ganzt (*le tout*) nach eng Kéier mat Iech nokucken.

Jeanne Dubois: Awer net elo direkt, well ech muss nach .... plangen.

Lucien Reuland: A jo, déi nächst Reunioun, déi musse mir nach organiséieren. Ech fänken un, ech schécken Iech d'Dokumenter.

Jeanne Dubois: Kéint Dir dat maachen a mech wannechgelift um Lafenden halen?

– Dépêchez-vous de nettoyer mon bureau !
– Ne bougez pas de là avant que j'aie fini !

CHAPITRE 16

Instruktioune ginn
Donner des ordres ou des instructions

OBJECTIF

- Donner des ordres ou des instructions en utilisant différentes formes grammaticales (impératif ou conditionnel)

CHAPITRE 16
INSTRUKTIOUNE GINN
DONNER DES ORDRES OU DES INSTRUCTIONS

Donner des ordres ou des instructions

Monsieur Scholtes : Madame Gardella, pourriez-vous venir dans mon bureau, s'il vous plaît ?

Madame Gardella : Oui, tout de suite.

Monsieur Scholtes : Donc, dans deux mois, nous irons à la Foire de Paris et madame Jonas qui doit organiser cela est en congé maladie durant encore trois semaines.

Madame Gardella : Oh, ce sera juste.

Monsieur Scholtes : Oui, en effet. Pourriez-vous vous en occuper ?

Madame Gardella : Oui, bien sûr, qu'y a-t-il à faire ?

Monsieur Scholtes : D'abord, vous devez réserver les billets de train, en TGV aller-retour, pour moi, vous et monsieur Klein. Ensuite, vous devez réserver un hôtel, de préférence tout près de la Porte de Versailles. Madame Jonas devrait avoir une liste.

Madame Gardella : Pour deux nuits, c'est cela ?

Monsieur Scholtes : Oui, c'est ça. Et dites au graphiste que nos panneaux doivent être impérativement prêts dans un mois.

Madame Gardella : Et pour le stand ? Il me semble qu'il y avait un problème avec l'emplacement.

Monsieur Scholtes : Il vaut mieux demander ce qu'il en est ! Et pourriez-vous envoyer un bouquet de fleurs à madame Jonas, à l'hôpital ?

Madame Gardella : D'accord, ce sera fait !

Instruktioune ginn

Här Scholtes: Madamm Gardella, kéint Dir mol wgl. a mäi Büro kommen?

Madamm Gardella: Jo, direkt.

Här Scholtes: Also, an zwee Méint fuere mir op d'Foire vu Paräis, an d'Madamm Jonas, déi dat organiséiere soll, ass nach dräi Wochen am Krankeschäin.

Madamm Gardella: O, dat gëtt awer da knapp.

Här Scholtes: Ma jo, ech weess. Kéint Dir Iech dorëm këmmeren?

Madamm Gardella: Jo, natierlech, wat ass dann do ze maachen?

Här Scholtes: Fir d'éischt musst Dir d'Zuchbilljeeë bestellen, TGV aller-retour fir mech, fir Iech a fir den Här Klein. Da musst Dir en Hotel reservéieren, am beschten direkt an der Géigend vun der Porte de Versailles. D'Madamm Jonas misst do eng Lëscht hunn.

Madamm Gardella: Fir zwou Nuechten?

Här Scholtes: Jo, richteg. A sot och nach eng Kéier dem Grafiker, eis Panneaue missten onbedéngt an engem Mount färdeg sinn.

Madamm Gardella: A wéi ass et mam Stand? Do war dach e Problem mat der Plaz.

Här Scholtes: Frot léiwer nach eng Kéier no! A géift Der wgl. och nach der Madamm Jonas e Bouquet Blummen an d'Spidol schécken?

Madamm Gardella: An der Rei, maachen ech!

CHAPITRE 16

INSTRUKTIOUNE GINN
DONNER DES ORDRES OU DES INSTRUCTIONS

Grammaire

Impératif et conditionnel

Pour donner des ordres ou des instructions, nous pouvons employer l'**impératif** (voir aussi le chapitre 3, p. 30, pour la formation de l'impératif). Les verbes suivants ont une forme irrégulière à l'impératif à la 2e personne du singulier :

hunn *(avoir)* ➔ Hief!
sinn *(être)* ➔ Sief!
goen *(aller)* ➔ Géi!
verstoen *(comprendre)* ➔ Verstéi!

Les particules séparables se placent à la fin de la phrase :
➔ **no/kucken** *(vérifier)* :
   Kuckt de Rapport **no**!
   Vérifiez le rapport !
➔ **no/froen** *(demander)* :
   Frot beim Responsabelen **no**!
   Demandez confirmation auprès du responsable !
➔ **fort/schécken** *(envoyer)* :
   Schéckt de Mail direkt **fort**!
   Envoyez le mail tout de suite !

De façon plus polie, on utilise des structures verbales avec un auxiliaire ou un verbe de modalité au **conditionnel** :
➔ **kënnen** *(pouvoir)* :
   Kéint Dir den Hotel reservéieren?
   Pourriez-vous réserver l'hôtel ?
➔ **ginn** *(devenir, donner, auxiliaire pour le conditionnel)* :
   Géift Dir der Madamm Jonas e Bouquet Blumme schécken?
   Enverriez-vous un bouquet de fleurs à madame Jonas ?

Les conditionnels de « goen » (*aller*) et de « ginn » (*donner, devenir*) sont utilisés comme auxiliaires pour former le conditionnel de la plupart des verbes.

➔ **wëllen** *(vouloir)* :
   Wéilt Dir mol nofroen?
   Voudriez-vous demander ?

Conjugaison

Les verbes signalés par un * dans la liste du vocabulaire sont irréguliers à l'indicatif présent. Leurs formes irrégulières sont détaillées ci-dessous.

• Le présent de l'indicatif

	no/froen (demander)	**soen** (dire)
ech	froen no	soen
du	frees no	sees
hien/si/hatt	freet no	seet
mir	froen no	soen
Dir/dir	frot no	sot
si	froen no	soen

• Les verbes au conditionnel présent

	wëllen (vouloir)	**kënnen** (pouvoir)	**ginn** (devenir, donner)	**goen** (aller)
ech	wéilt	kéint	géif	géing
du	wéilts	kéints	géifs	géings
hien/si/hatt	wéilt	kéint	géif	géing
mir	wéilten	kéinten	géifen	géingen
Dir/dir	wéilt	kéint	géift	géingt
si	wéilten	kéinten	géifen	géingen

CHAPITRE 16 — INSTRUKTIOUNE GINN
DONNER DES ORDRES OU DES INSTRUCTIONS

Vocabulaire

an der Rei	d'accord
bestellen, bestallt (hunn)	commander
d'Blumm (f.), d'Blummen (pl.)	la fleur
de Bouquet (m.), d'Bouqueten (pl.)	le bouquet
dofir	c'est pourquoi
d'E-Mail (f.), den E-Mail (m.), d'E-Mailen (pl.)	le courriel
esou	ainsi
färdeg	terminé, prêt, fini
fort/schécken, fortgeschéckt (hunn)	envoyer
d'Géigend (f.), d'Géigenden (pl.) / an der Géigend vun	les environs, la région / près de, dans les environs de
de Grafiker (m.), d'Grafiker (pl.)	le graphiste
den Hotel (m.), d'Hotellen (pl.)	l'hôtel
klären, gekläert (hunn)	clarifier, clarifié
knapp	juste (ici, dans l'espace ou le temps)
de Krankeschäin (m.), d'Krankeschäiner (pl.)	le certificat de maladie
d'Lëscht (f.), d'Lëschten (pl.)	la liste
de Mount (m.), d'Méint (pl.)	le mois
nach eng Kéier	encore une fois
no/froen*, nogefrot (hunn)	demander (pour confirmer)
no/kucken, nogekuckt (hunn)	vérifier
d'Nuecht (f.), d'Nuechten (pl.)	la nuit
onbedéngt	absolument, impérativement
op/setzen, opgesat (hunn)	rédiger
de Panneau (m.), d'Panneauen (pl.)	le panneau
d'Plaz (f.), d'Plazen (pl.)	la place, l'emplacement
reservéieren, reservéiert (hunn)	réserver
richteg	correct, juste
schécken, geschéckt (hunn)	envoyer
sech këmmeren ëm, gekëmmert (hunn)	s'occuper de
soen*, gesot (hunn)	dire
d'Spidol (m.), d'Spideeler (pl.)	l'hôpital
de Stand (m.), d'Stänn (pl.)	le stand
d'Woch (f.), d'Wochen (pl.)	la semaine
den Zuchbilljee (m.), d'Zuchbilljeeën (pl.)	le billet de train

Expressions clés

Wat ass ze maachen? *Que faut-il faire ?*
Et ass näischt ze maachen. *Il n'y a rien à faire.*
An der Rei. *D'accord.*
Alles an der Rei. *Tout va bien.*
Si ass am Krankeschäin. *Elle est en congé maladie.*
Dat gëtt knapp. *Ce sera juste.*
Wéi ass et mat…? *Qu'en est-il de… ?*
Wéi ass et mam Stand? *Qu'en est-il du stand ?*
Wéi ass et mam Hotel? *Qu'en est-il de l'hôtel ?*
Wéi ass et mat der Reservatioun? *Qu'en est-il de la réservation ?*

Exercice

Exercice

Dites-le de façon plus polie. Remplacez les impératifs par d'autres tournures.

1. Kuckt de Rapport vun der leschter Reunioun no.
2. Bréngt mer eng Copie vum Rapport mat.
3. Setzt de Bréif fir d'Firma Luxlong op.
4. Maacht d'Dier hannert Iech zou!
5. Kuckt Iech d'Dokumenter a Rou un!

– Un pique-nique saucisson et vin rouge au parc, ça vous tente les filles ?

CHAPITRE 17

D'Aarbechts-kolleege kenneléieren

Apprendre à connaître ses collègues de travail

OBJECTIFS

- Savoir donner des explications sur sa vie privée
- Savoir entretenir une conversation courante

CHAPITRE 17 — **D'AARBECHTSKOLLEEGE KENNELÉIEREN**
APPRENDRE À CONNAÎTRE SES COLLÈGUES DE TRAVAIL

Apprendre à connaître ses collègues de travail

Marc Simon : Bonjour, vous êtes nouvelle ici, je ne vous ai encore jamais vue à la machine à café. Vous êtes donc la personne qui remplace madame Roselli pendant son congé maternité ?

Sophie Legrand : Oui ! Bonjour, je suis Sophie Legrand. En effet, j'ai commencé ici il y a une semaine, à la réception. Cela me fait plaisir de faire votre connaissance.

Marc Simon : Bienvenue ! Je suis Marc Simon et je travaille au deuxième étage, aux ressources humaines.

Sophie Legrand : Travaillez-vous depuis longtemps dans cette entreprise ?

Marc Simon : Je travaille ici depuis vingt ans. Et d'où êtes-vous, sans indiscrétion ?

Sophie Legrand : J'ai déménagé au Luxembourg il y a deux mois. Je viens de Lyon. C'est une belle ville culturelle.

Marc Simon : Vous avez raison… Ah, la pause café est malheureusement terminée. Peut-être nous reverrons-nous à 15 h 30 pour continuer à discuter.

D'Aarbechtskolleege kenneléieren

Marc Simon: Moien, Dir sidd nei hei. Ech hunn Iech nach ni bei der Kaffismaschinn gesinn. Dir sidd bestëmmt déi Persoun, déi d'Madamm Roselli wärend hirem Congé de maternité ersetzt?

Sophie Legrand: Jo, moien, ech sinn d'Sophie Legrand. Ech hunn effektiv eréischt virun enger Woch hei an der Receptioun ugefaangen. Et freet mech, Iech kennenzeléieren!

Marc Simon: Häerzlech wëllkomm! Ech sinn de Marc Simon an ech schaffen um zweete Stack, bei de Ressources humaines.

Sophie Legrand: Schafft Dir scho laang an dëser Firma?

Marc Simon: Ech sinn zënter zwanzeg Joer hei täteg. A vu wou sidd Dir, wann ech froen däerf?

Sophie Legrand: Ech si virun zwee Méint op Lëtzebuerg geplënnert. Ech kommen awer vu Lyon. 't ass eng schéin a kulturell Stad.

Marc Simon: Dir hutt Recht. Mee d'Kaffispaus ass elo leider eriwwer. Vläicht gesi mer eis um hallwer véier hei ërem, fir weider ze poteren.

CHAPITRE 17

D'AARBECHTSKOLLEEGE KENNELÉIEREN
APPRENDRE À CONNAÎTRE SES COLLÈGUES DE TRAVAIL

Grammaire

L'expression de la durée

La durée à partir d'un moment précis s'exprime avec les prépositions suivantes : **zënter, vun ... un, bis :**

Hien ass **zënter** zwee Méint krankgeschriwwen.
*Il est en arrêt maladie **depuis** deux mois.*

Zu Lëtzebuerg sinn d'Schüler **vum** 15. Juli **un** an der Vakanz. *Au Luxembourg, les élèves sont en vacances **à partir du** 15 juillet.*

Dee Schongbuttek ass **bis** den 30. September op an da mécht en seng Dieren definitiv zou. *Ce magasin de chaussures est ouvert **jusqu'au** 30 septembre et ensuite, il fermera définitivement ses portes.*

Les adverbes d'appréciation

Certains adverbes modifient le sens du terme qu'ils complètent en y apportant une nuance particulière :

→ **Jo**, employé au sens de « c'est que, en effet » :
Ech konnt net schaffe goen, ech war **jo** krank. *Je ne pouvais pas aller travailler, **en effet**, j'étais malade.*

→ **Alt** : ce terme n'a pas d'équivalent en français, mais apporte une **nuance d'acceptation, de résignation ou d'excuse**.

Well hien sou spéit komm ass, hu mir **alt** (= schonn) ugefaangen.
Il est arrivé si tard que nous avons dû commencer sans lui.

→ **Also, dann, dach** : ces trois adverbes correspondent à « *donc* », mais avec des nuances différentes.

• **Also** est souvent employé comme **conclusion d'un raisonnement** :

All Schüler vun dëser Klass muss pünktlech sinn, du bass e Schüler vun dëser Klass, **also** muss du pünktlech sinn.
*Tous les élèves de cette classe doivent être ponctuels, tu es un élève de cette classe, **donc** tu dois être ponctuel.*

- **Dann** s'emploie dans les **interrogations** :
Wat ass dat **dann**? *Qu'est-ce donc ?*
- **Dach** s'emploie après un **verbe à l'impératif** ou dans une **tournure exclamative** :
Kommt **dach** endlech! *Venez donc, enfin !*
D'Liewen ass **dach** schéin!
La vie est donc belle !

Conjugaison

Les verbes signalés par un * dans la liste du vocabulaire sont irréguliers à l'indicatif présent. Leurs formes irrégulières sont détaillées ci-dessous.

- **Présent de l'indicatif**

	gesinn *(voir)*
ech	gesinn
du	gesäis
hien/si/hatt	gesäit
mir	gesinn
Dir/dir	gesitt
si	gesinn

- **Passé composé**

	gesinn *(voir)*
ech	hu gesinn
du	hues gesinn
hien/si/hatt	huet gesinn
mir	hu gesinn
Dir/dir	hutt gesinn
si	hu gesinn

Remarque

Le verbe « plënneren » se conjugue avec l'auxiliaire « sinn » au passé composé :
Ech **si** virun dräi Joer vu Stroossen op Bartreng **geplënnert**.
J'ai déménagé de Strassen à Bertrange il y a 3 ans.

CHAPITRE 17
D'AARBECHTSKOLLEEGE KENNELÉIEREN
APPRENDRE À CONNAÎTRE SES COLLÈGUES DE TRAVAIL

Vocabulaire

den Aarbechtskolleeg (m.), d'Aarbechtskolleegin(f.), d' Aarbechtskolleegen (pl.), d'Aarbechtskolleeginnen (pl.)	le/la collègue de travail
an der Comptabilitéit, op enger Bank, bei de Ressources humaines schaffen, geschafft (hunn)	travailler (à la comptabilité, dans une banque, aux ressources humaines, etc.)
ee kenneléieren, kennegeléiert (hunn)	faire la connaissance de quelqu'un
ersetzen, ersat (hunn)	remplacer
gesinn*, gesinn (hunn)	voir
sech virstellen, virgestallt (hunn)	se présenter
iwwert dëst an dat diskutéieren, diskutéiert (hunn)	discuter à bâtons rompus
mat engem diskutéieren	discuter avec quelqu'un
poteren, gepotert (hunn)	discuter calmement
täteg sinn	être actif, travailler
u/fänken, ugefaangen (hunn)	commencer
Wëllkomm! / ee wëllkomm heeschen, geheescht (hunn)	Bienvenue ! / souhaiter la bienvenue à quelqu'un
zoustänneg fir	responsable, en charge de
et ass schued	c'est dommage
sech kenneléieren	apprendre à se connaître

Expressions clés

Bonjour, däerf ech mech virstellen?
Bonjour, puis-je me présenter ?
Ech sinn d'Madamm / den Här...
Je suis madame / monsieur...
Däerf ech Iech d'Madamm / den Här... virstellen?
Puis-je vous présenter madame / monsieur... ?
Ech kommen aus/vun..., ech si virun...
Méint op Lëtzebuerg geplënnert.
Je viens de..., j'ai déménagé au Luxembourg il y a ... mois.
Ech wunnen op der franséischer / belscher / däitscher Grenz.
J'habite à la frontière française / belge / allemande.

Exercices

Exercice n° 1

Complétez le dialogue suivant avec les expressions ci-dessous :

engem Mount / zënter fënnef Minutten / Dat ass eng ganz gutt Iddi / Stroossbuerg / Dat sinn ech / hu gutt ugefaangen / keng Zäit hunn / zwee Méint / Dat ass eng ganz gutt Iddi

Madamm Wohlfarth: Moie Marc, bass du scho laang hei?

Här Klein: Neen, ... Ech hu grad e Kaffi gemaach. Wëlls du och een?

Madamm Wohlfarth: Jo, merci, awer en Expresso, well ech ....

Här Klein: Bonjour, sidd Dir net déi nei Persoun vun der Comptabilitéit? Hutt Dir gutt ugefaangen?

Madamm Polifka: Moien, jo, ... Ech .... : D'Leit si fein an d'Aarbecht ass interessant. Ech kennen nach net vill Leit, et ass e bësse schued *(c'est un peu dommage)*.

Här Klein: Wéini hutt Dir ugefaangen?

Madamm Polifka: Virun .... Ech sinn och eréischt virun .... op Lëtzebuerg geplënnert.

Madamm Wohlfarth: A vu wou kommt Dir, ouni indiskret ze sinn?

Madamm Polifka: Ech komme vu ....

Madamm Wohlfarth: Do ware mir schonn an der Vakanz. 't ass eng ganz schéi Stad, wou mir ganz gutt giess hunn.

Här Klein: À propos iessen, kéinte mir haut net zu dräi „Beim Franco" iesse goen? D'Pizzae sinn immens gutt!

Madamm Polifka: ....! An esou kéinte mir eis besser kenneléieren!

Exercice n° 2

Vous faites la connaissance de vos nouveaux collègues de bureau lors d'un repas organisé par l'entreprise. Posez-leur six questions pour apprendre à mieux les connaître (situation dans l'entreprise, loisirs, pratiques sportives, etc.).

– Enfin un client !

CHAPITRE 18

E Client empfänken
Accueillir un client

OBJECTIFS

- Savoir poser des questions informatives
- Savoir réagir dans ce contexte

Accueillir un client

Réceptionniste : *Bonjour, puis-je vous aider ?*

Monsieur Welter : *Bonjour, oui, j'ai rendez-vous avec monsieur Schlechter.*

Réceptionniste : *Un instant, s'il vous plaît, je préviens monsieur Schlechter que vous êtes ici. Vous êtes monsieur… ?*

Monsieur Welter : *Welter, Jacques. Nous avions fixé un rendez-vous aujourd'hui à 14 heures. Nous en avions convenu il y a presque un mois.*

Réceptionniste : *Hmm, personne ne répond. Je me demande si monsieur Schlechter est arrivé. Il m'a dit ce matin qu'il avait beaucoup de rendez-vous aujourd'hui. Il ne devrait plus tarder.*

Monsieur Welter : *Est-il ponctuel en temps normal ?*

Réceptionniste : *Normalement oui, il a peut-être eu un empêchement. Je vais essayer sur son portable. Prenez place un moment. Voulez-vous un café ?*

Monsieur Welter : *Oui, merci, avec du sucre, s'il vous plaît.*

Réceptionniste : *Je vous apporte cela tout de suite.*

E Client empfänken

Receptionnistin: Moien, kann ech Iech hëllefen?

Här Welter: Moien, jo, ech hunn en Termin mam Här Schlechter.

Receptionnistin: Ee Momentchen, wannechgelift, ech soen dem Här Schlechter Bescheed, datt Der hei sidd. Dir sidd den Här…?

Här Welter: Welter, Jacques. Mir haten e Rendez-vous fir haut ëm 14 Auer ausgemaach. Dat war viru bal engem Mount.

Receptionnistin: Hmm, et hieft keen op. Ech froe mech, ob den Här Schlechter schonn do ass. Hien huet mir haut de Moie gesot, datt hien haut vill Rendez-vousen hätt. Et dierft net méi laang daueren.

Här Welter: Ass hien normalerweis pénktlech?

Receptionnistin: Normalerweis schonn, hien ass vläicht verhënnert. Ech probéieren et op sengem Handy. Huelt Iech e Moment Plaz. Wëllt Dir e Kaffi?

Här Welter: Jo, merci, mat Zocker wannechgelift.

Receptionnistin: Ech bréngen Iech en direkt.

Grammaire

La conjonction de subordination « datt » (ou « dass »)

La conjonction « datt » introduit une proposition subordonnée et équivalente à la conjonction « *que* » en français :

   Hie mengt, datt hien ëmmer Recht huet.
   Il pense qu'il a toujours raison.
   Ech hoffen, datt ech den Zuch net verpasst hunn.
   J'espère que je n'ai pas raté le train.
   Ech fäerten, datt hien eis vergiess huet.
   J'ai peur qu'il nous ait oubliés.

Remarque

Dans la langue parlée, la conjonction complétive « datt » est souvent supprimée, surtout après un **verbe de pensée ou de parole** comme « denken » *(penser)*, « mengen » *(penser)*, « hoffen » *(espérer)*, « sech virstellen » *(s'imaginer)*, « soen » *(dire)*, « behaapten » *(prétendre)*, etc. :

   Ech weess, den Här Schlechter ass net hei!
   Je sais que monsieur Schlechter n'est pas ici !
   [= Ech weess, datt den Här Schlechter net hei ass.]
   Ech mengen, meng Schwester géif och gär mat an d'Stad goen.
   Je pense que ma sœur aimerait nous accompagner en ville.
   Ech hoffen, ech gewannen endlech mol am Lotto!
   J'espère que je gagnerai un jour au Loto !

La conjonction de subordination « ob »

La conjonction de subordination « ob » (*si*) introduit une **subordonnée interrogative indirecte** :

   Ech froe mech, ob hien déi richteg Decisioun getraff huet.
   Je me demande s'il a pris la bonne décision.
   Ech weess net, ob si mat eiser Propos averstane sinn.
   Je ne sais pas s'ils approuvent notre proposition.

Remarque

Après « datt » ou « ob » dans le discours indirect, on emploie le conditionnel pour exprimer un doute, une incertitude :

Hien huet mir erzielt, datt hien säi Portmonni op der Paräisser Plaz verluer hätt.
Il m'a raconté qu'il aurait perdu son porte-monnaie place de Paris.

Den Här Weber freet, ob mir hie mathuele géifen.
Monsieur Weber demande si nous pourrions l'emmener.

Conjugaison

Les verbes signalés par un * dans la liste du vocabulaire sont irréguliers à l'indicatif présent. Leurs formes irrégulières sont détaillées ci-dessous.

• Présent de l'indicatif

	fest/halen *(retenir)*	**aus/maachen** *(fixer)*	**loossen** *(laisser, faire)*
ech	hale fest	maachen aus	loossen
du	häls fest	méchs aus	léiss
hien/si/hatt	hält fest	mécht aus	léisst
mir	hale fest	maachen aus	loossen
Dir/dir	haalt fest	maacht aus	loosst
si	hale fest	maachen aus	loossen

• Passé composé

	fest/halen *(retenir)*
ech	hu festgehalen
du	hues festgehalen
hien/si/hatt	huet festgehalen
mir	hu festgehalen
Dir/dir	hutt festgehalen
si	hu festgehalen

CHAPITRE 18 E CLIENT EMPFÄNKEN / ACCUEILLIR UN CLIENT

Vocabulaire

Bescheed soen*, gesot (hunn)	prévenir
(den Telefon) op/hiewen, opgehuewen (hunn)	répondre (au téléphone)
e Rendez-vous mat engem aus/maachen*, ausgemaach (hunn)	donner rendez-vous à quelqu'un
en Datum festhalen*, festgehalen (hunn)	retenir une date
sech e Rendez-vous gi loossen, gelooss (hunn)	prendre rendez-vous chez quelqu'un
verhënnert sinn	avoir un empêchement

Expressions clés

Bleift um Apparat!
Ne quittez pas !
Ee Momentchen, wannechgelift.
Un instant, s'il vous plaît.
Ech froe mech, ob…
Je me demande si…
Ech mengen, datt / ech mengen net, datt…
Je crois que / je ne crois pas que…
Ech wéisst gär, ob…
J'aimerais savoir si…
Et hieft keen op. *Personne ne répond.*
Gitt mir d'Madamm Müller wgl.!
Passez-moi madame Müller, s'il vous plaît !
Pol, et ass fir dech! *Paul, c'est pour toi !*

Exercices

Exercice n° 1

Traduisez les phrases suivantes :

1. *Je pense que la réunion a été annulée.*
2. Datt si gelunn huet, ass elo bewisen.
3. Ech sinn enchantéiert, datt ech Iech kennegeléiert hunn.
4. Ech hätt gär, datt s du dat méchs.
5. *Je suis content que tu viennes avec moi au cinéma.*

Exercice n° 2

Traduisez les phrases suivantes :

1. Ech froe mech, ob hatt e Sonndeg do ass.
2. Hie wéisst gär (*aimerait savoir*), ob d'Geschäfter nächste Sonndeg op sinn, well hien e Mantel brauch.
3. De Pol weess net, ob seng Decisioun déi richteg ass.
4. Hie freet sech, ob hien d'Dier (*porte*) richteg (*bien*) zougespaart huet.
5. Si weess net, ob si dat Kleed géif undoen, well et duerchsiichteg (*transparent*) ass.

Exercice n° 3

Complétez les phrases suivantes (dont la traduction est en regard) en imaginant pour chacune d'entre elles une conversation de quelques répliques, au cours de laquelle vous vous trouverez à une réception, dans un centre d'informations, à un office de tourisme, etc.

Si weess, datt ech hei sinn, mee… .	*Elle sait que je suis ici, mais…*
Ech weess net, ob dat stëmmt, mee… .	*Je ne sais pas si c'est vrai / correct, mais…*
Wann Dir näischt dergéint hutt, … .	*Si vous n'y voyez pas d'inconvénient…*
Wann ee krank ass, … .	*Quand on est malade…*
Wéi ech méi jonk war, … .	*Quand j'étais plus jeune…*
Wéi s du gesäis, … .	*Comme tu vois…*
Bis mir eng Léisung fannen, … .	*Jusqu'à ce que nous trouvions une solution…*
Zënter datt ech hei schaffen, … .	*Depuis que je travaille ici…*
Vu datt Dir fäerdeg sidd, … .	*Puisque vous êtes prêt…*
Obschonns mir zu véier sinn, … .	*Bien que nous soyons quatre…*
Well si prësséiert sinn, … .	*Parce qu'ils sont pressés…*

– Et moi je déclare ne rien comprendre à votre réclamation !

CHAPITRE **19**

Op eng Reklamatioun reagéieren

Réagir à une réclamation

OBJECTIFS

- Savoir réagir positivement à une réclamation
- Savoir s'excuser et proposer des alternatives

CHAPITRE 19 — OP ENG REKLAMATIOUN REAGÉIEREN
RÉAGIR À UNE RÉCLAMATION

Réagir à une réclamation

Madame Neu : PK Créations, Julie Neu, bonjour !

Monsieur Dubois : Bonjour, Dubois de New Spirit à l'appareil.

Madame Neu : Bonjour !

Monsieur Dubois : J'appelle concernant une réclamation : la facture que nous avons reçue est incorrecte.

Madame Neu : Pourriez-vous m'indiquer votre numéro de client et la référence de votre facture, s'il vous plaît ?

Monsieur Dubois : Le numéro client est NEW-2006-33, et il s'agit de la facture n° 222.

Madame Neu : Merci. Je propose que nous passions en revue tous les articles.

Monsieur Dubois : Oui, nous avons reçu quarante serviettes, mais vous avez facturé cinquante unités.

Madame Neu : Vous avez raison, nous avons commis une erreur.

Monsieur Dubois : Oui, je pense aussi que le prix des draps de bain n'est pas le bon : sur votre site, ils sont à vingt euros et non à vingt-cinq euros.

Madame Neu : Effectivement, cet article est en promotion. Veuillez nous excuser pour ces erreurs : je vais vous envoyer une nouvelle facture.

Op eng Reklamatioun reagéieren

Madamm Neu: PK Créations, Julie Neu, moien!

Här Dubois: Moien, Dubois vun New Spirit um Apparat.

Madamm Neu: Moien!

Här Dubois: Ech ruffen u wéinst enger Reklamatioun: D'Rechnung, déi mir kritt hunn, ass falsch.

Madamm Neu: Kéint Dir mir Är Clientsnummer an d'Referenznummer vun Ärer Rechnung ginn, wannechgelift?

Här Dubois: D'Clientsnummer ass NEW-2006-33 an et geet ëm d'Rechnung Nr. 222.

Madamm Neu: Merci. Ech schloe vir, datt mir all Artikel am Detail duerchkucken.

Här Dubois: Jo, mir hu véierzeg Handdicher kritt, mee Dir hutt fofzeg Unitéite fakturéiert.

Madamm Neu: Dir hutt Recht, mir hunn e Feeler gemaach.

Här Dubois: Jo, ech mengen och, datt de Präis vun de Bueddicher falsch ass: Op Ärem Site steet zwanzeg Euro an net fënnefanzwanzeg Euro.

Madamm Neu: Effektiv, dësen Artikel ass an der Reklamm. Entschëllegt dësen Duercherneen. Ech schécken Iech eng nei Rechnung.

CHAPITRE 19

OP ENG REKLAMATIOUN REAGÉIEREN
RÉAGIR À UNE RÉCLAMATION

Vocabulaire

**den Artikel (m.),
d'Artikelen (pl.)**
l'article

**d'Clientsnummer (f.),
d'Clientsnummeren (pl.)**
le numéro de client

**den Dossier (m.),
d'Dossieren (pl.)**
le dossier

**e Feeler maachen,
gemaach (hunn)**
commettre une erreur

**duerch/kucken,
duerchgekuckt (hunn)**
regarder, passer en revue

**fakturéieren,
fakturéiert (hunn)**
facturer

**d'Rechnung (f.),
d'Rechnungen (pl.)**
la facture

**d'Referenz (f.),
d'Referenzen (pl.)**
la référence

**d'Reklamatioun (f.),
d'Reklamatiounen (pl.)**
la réclamation

**reklaméieren,
reklaméiert (hunn)**
réclamer

**vir/schloen*,
virgeschloen (hunn)**
proposer

d'Wuer (f.), d'Wueren (pl.)
la marchandise

Grammaire

Le mode impératif

En luxembourgeois, l'impératif a pour base le radical de l'infinitif. Il est limité à trois personnes :

➔ **À la 2ᵉ personne du singulier**, le radical du verbe n'a pas de désinence (voir au ssi le chapitre 3, p. 30) :
   Huel deng Zukunft an d'Hand!
   Prends ton avenir en main !
   Maach elo deng Bestellung!
   Passe maintenant ta commande !

➔ **À la 2ᵉ personne du pluriel et à la forme de politesse**, le radical se termine par un « t » :
   Gitt mir wannechgelift eng Baguette an zwee Bréidercher! *Donnez-moi, s'il vous plaît, une baguette et deux petits pains !*
   Fänkt net un! *Ne commencez pas !*

➔ **À la 1ʳᵉ personne du pluriel**, l'impératif est formé à l'aide de la formule « **loosse mer + infinitif du verbe à la fin de la phrase** », qui équivaut à un ordre, à une exhortation :
   Loosse mer eis net ënnerkréien!
   Ne nous laissons pas intimider !
   Loosse mer op seng Gesondheet drénken!
   Buvons à sa santé !

L'expression de la cause

La cause peut s'exprimer par diverses tournures (voir aussi le chapitre 7, p. 68) :

➔ **wéinst + datif**
   Hien ass wéinst engem Schnapp doheem bliwwen.
   Il est resté à la maison à cause d'un rhume.
   Si ass wéinst menger (s.e. Persoun) net komm.
   Elle n'est pas venue à cause de moi.

→ **vun + datif (sans article)**
Si ziddert vun Angscht. *Elle tremble de peur.*
Hie jäizt vu Roserei. *Il crie de colère.*

→ **un + datif**
Hien ass un der Cholera gestuerwen.
Il est mort du choléra.
Si ass u Kriibs gestuerwen.
Elle est morte d'un cancer.

→ **duerch + accusatif**
D'Feier ass duerch de Blëtz ugaangen.
Le feu a pris à cause de l'éclair.
Hien ass duerch dat schlecht Wieder krank ginn.
Il est tombé malade à cause du mauvais temps.

Conjugaison

Les verbes signalés par un * dans la liste du vocabulaire sont irréguliers à l'indicatif présent. Leurs formes irrégulières sont détaillées ci-dessous.

- **Présent de l'indicatif**

	vir/schloen *(proposer)*
ech	schloe vir
du	schléis vir
hien/si/hatt	schléit vir
mir	schloe vir
Dir/dir	schlot vir
si	schloe vir

- **Passé composé**

	vir/schloen *(proposer)*
ech	hu virgeschloen
du	hues virgeschloen
hien/si/hatt	huet virgeschloen
mir	hu virgeschloen
Dir/dir	hutt virgeschloen
si	hu virgeschloen

CHAPITRE 19

OP ENG REKLAMATIOUN REAGÉIEREN
RÉAGIR À UNE RÉCLAMATION

Vocabulaire

Expressions clés

Entschëllegt, ech hunn e Feeler gemaach / ech hu mech geiert. *Veuillez m'excuser, j'ai commis une erreur / je me suis trompé.*

Gitt mir wannechgelift Är Clientsnummer/ Dossiersnummer. *Donnez-moi, s'il vous plaît, votre numéro de client / de dossier.*

Wéi ass d'Referenznummer vun Ärer Rechnung? *Quel est le numéro de référence de votre facture ?*

Ech schloe vir, mir kucken Är Rechnung am Detail duerch. *Je propose que nous passions en revue le détail de votre facture.*

Exercices

Exercice n° 1

Traduisez les phrases impératives suivantes :

1. Maach deng Aarbecht fäerdeg!
2. Gitt mir wannechgelift zwou Zoossissen a fënnefhonnert Gramm Gehacktes *(viande hachée)*!
3. Loosse mer soen, datt e Feeler ëmmer méiglech ass!
4. Verstitt mech net falsch!
5. Sief *(sois)* frou, datt deng Elteren dir geholleff hunn!

Exercice n° 2

Traduisez les phrases suivantes :

1. Hatt jäizt vu Freed *(joie)*.
2. De Molière huet un Tuberkulos gelidden *(souffrir de)*.
3. Hien ass wéinst dem Houscht *(toux)* doheem bliwwen.
4. Si huet eng Allergie duerch d'Mëllech kritt.
5. Hien ass wéinst dem Franséischen duerchgefall *(échouer)*.

Exercice n° 3

Complétez le dialogue suivant avec les expressions ci-dessous, puis traduisez-le.

Clientsnummer ginn / 8. Juni / kucken, firwat Dir e Problem mat där Liwwerung hutt / et net méi virkënnt, well lo si mir an enger onkamouter Situatioun / bis muer / kann ech Iech hëllefen / CO592-XP-59 / dat den 1. Juni / kommt Dir / d'Verspéidung

Här Giovagnoli: Sport Fit, bonjour, Jérome Giovagnoli um Apparat. Wéi .... ?

Madamm Sandt: Centre Oasis, Bonjour, Patricia Sandt um Apparat. Ech ruffen u wéinst der Bestellung (*commande*) vum 2. Juni, wat d'Gedrénks ugeet.

Här Giovagnoli: Kéint Dir mir Är .... ?

Madamm Sandt: Jo, meng Clientsnummer ass ....

Här Giovagnoli: Merci, ech kucken an Ärem Dossier no (*vérifier*).

Madamm Sandt: Mir hate véier Këschten Orangëjus an honnert Fläsche Mineralwasser bestallt.

Här Giovagnoli: Effektiv, Dir hat .... bestallt an d'Liwwerung war fir de 4. Juni virgesinn.

Madamm Sandt: Jo, an haut si mir schonn den .... !

Här Giovagnoli: Gedëllegt Iech e Momentchen, ech ....

(Pause) Eng Camionnette hat eng Pann, dofir konnte mir net alles ausliwweren.

Madamm Sandt: Et ass awer elo dréngend (*urgent*). Wéini .... ?

Här Giovagnoli: Muer de Moien, an entschëllegt .... !

Madamm Sandt: OK, ech hoffen, datt ....

Här Giovagnoli: Nee, et kënnt net méi vir !

Madamm Sandt: Äddi, schéinen Dag a .... !

Här Giovagnoli: Ech wënschen Iech och e schéinen Dag.

– Le Français a bon appétit...
– ... mais on ne comprend rien à ce qu'il dit !
– Mmmmhh ! Kèskeché bon !

CHAPITRE 20

Geschäftsiessen

Un déjeuner d'affaires

OBJECTIFS

- Discuter de son travail
- Exprimer et confirmer son opinion
- Discuter d'un contact professionnel

CHAPITRE 20 E GESCHÄFTSIESSEN / UN DÉJEUNER D'AFFAIRES

Un déjeuner d'affaires

Monsieur Scholtes : Ah ! madame Gardella, vous voilà ! Monsieur Petry aura un peu de retard.

Madame Gardella : Pas de problème. Nous attendrons un peu.

Monsieur Scholtes : Vous travaillez donc maintenant dans notre bureau luxembourgeois. Votre nouveau travail vous plaît-il ?

Madame Gardella : Le travail n'est pas vraiment nouveau, j'ai fait la même chose en Italie. Mais les collègues et la clientèle sont beaucoup plus internationaux. Je trouve ça très chouette.

Monsieur Scholtes : Oui, c'est vrai. Et vos connaissances linguistiques vous aident beaucoup.

Madame Gardella : Oui, je peux enfin utiliser les langues que j'ai apprises.

Monsieur Scholtes : Monsieur Petry, avec qui nous avons rendez-vous, est un nouveau client. Il a vécu pendant longtemps en Chine et parle aussi le chinois.

Madame Gardella : Oh ! je n'ai malheureusement pas de connaissances en chinois.

Monsieur Scholtes : Avez-vous déjà rencontré monsieur Petry ?

Madame Gardella : Non, pas encore.

Monsieur Scholtes : Vous allez voir, il est très intéressant et c'est vraiment un client important pour notre entreprise. Ah ! le voilà… Bonjour monsieur Petry, puis-je vous présenter ? Voici madame Gardella.

E Geschäftsiessen

Här Scholtes: A, Madamm Gardella, do sidd Der jo! Den Här Petry huet e bësse Verspéidung.

Madamm Gardella: Kee Problem. Da waarde mer nach e bëssen.

Här Scholtes: Dir schafft also elo hei an eisem lëtzebuergesche Büro. Wéi gefält Är nei Aarbecht Iech dann?

Madamm Gardella: D'Aarbecht ass jo net sou nei, ech hunn dat selwecht schonn an Italien gemaach. Mee d'Kolleegen an d'Clientèle si vill méi international. Dat ass immens flott.

Här Scholtes: Jo, dat ass wouer. An Är Sproochkenntnesser hëllefen Iech do vill.

Madamm Gardella: Jo, endlech kann ech déi Sproochen, déi ech geléiert hunn, och gebrauchen.

Här Scholtes: Den Här Petry, mat deem mir elo Rendez-vous hunn, ass en neie Client. Hien huet laang a China geliefft a schwätzt och Chineesesch.

Madamm Gardella: O, Chineeseschkenntnesser feele mer nach.

Här Scholtes: Sidd Dir dem Här Petry scho begéint?

Madamm Gardella: Nee, nach net.

Här Scholtes: Dir wäert gesinn, hien ass ganz interessant a wierklech och e wichtege Client fir eis Firma. A, do ass e jo… Bonjour Här Petry, däerf ech Iech virstellen? Dat ass d'Madamm Gardella.

CHAPITRE 20 **E GESCHÄFTSIESSEN** / UN DÉJEUNER D'AFFAIRES

Grammaire

Quelques verbes qui régissent le datif

→ gefalen (*plaire*)
  Wéi gefält **Iech** Är nei Aarbecht?
  Comment trouvez-vous votre nouveau travail ?
  (Littéralement : *Comment vous plaît votre nouveau travail ?*)
  Si gefält **mir**. Cela (*Il*) me plaît.

→ hëllefen (*aider*)
  Dat kann **Iech** vill hëllefen.
  Cela peut beaucoup vous aider.

→ schueden (*nuire*)
  Dat kann **dem Client** näischt schueden.
  Cela ne peut pas nuire au client.

→ feelen (*manquer*)
  Meng al Aarbecht feelt **mir** net.
  Mon ancien travail ne me manque pas.

→ virstellen (*présenter*)
  Däerf ech **Iech** virstellen? *Puis-je vous présenter ?*

→ begéinen (*rencontrer, croiser*)
  Ech sinn **him** scho begéint. *Je l'ai déjà rencontré.*
  Ou : Ech hunn hie scho begéint
  (donc avec l'accusatif, et l'auxiliaire « hunn »).

Les pronoms personnels au datif

nominatif	datif
ech	mir
du	dir
hien	him
si	hir
hatt	him
mir	eis
Dir/dir	Iech/iech
si	hinnen

Le pronom relatif

Déi Sproochen, déi ech geléiert hunn, si wichteg.
Les langues que j'ai apprises sont importantes.
Den Här Petry, mat deem mir elo Rendez-vous hunn, ass en neie Client.
Monsieur Petry, avec qui nous avons rendez-vous, est un nouveau client.

Le pronom relatif dépend de la fonction (sujet, COD, COI, objet prépositionnel…) qu'il a dans la phrase relative, et donc du verbe de celle-ci :

	nominatif	accusatif	datif
masculin	deen	deen	deem
féminin	déi	déi	där
neutre	dat	dat	deem
pluriel	déi	déi	deenen

D'Leit, deenen ech Iech virstellen, sinn eis Clienten.
Les gens à qui je vous présente sont nos clients (COI).
Mais :
D'Leit, déi ech Iech virstellen, wunnen och zu Lëtzebuerg.
Les gens que je vous présente habitent aussi au Luxembourg (COD).

En luxembourgeois, le pronom relatif est toujours précédé d'une virgule.

CHAPITRE 20 E GESCHÄFTSIESSEN / UN DÉJEUNER D'AFFAIRES

Vocabulaire

begéinen, begéint (sinn + datif; hunn+accusatif)	rencontrer
d'Clientèle (f.), d'Clientèlen (pl.)	la clientèle
dat selwecht	la même chose
e bëssen	un peu
feelen, gefeelt (hunn)	manquer
flott	chouette
gebrauchen, gebraucht (hunn)	utiliser
gefalen*, gefall (hunn)	plaire
hëllefen, gehollef (hunn)	aider
liewen, gelieft (hunn)	vivre
nach net	pas encore
d'Sproochkenntnes (f.), d'Sproochkennntesser (pl.)	connaissances linguistiques
d'Verspéidung (f.), d'Verspéidungen (pl.)	le retard
wichteg	important
wierklech	vraiment
wouer	vrai

Expressions clés

Huelt lech Plaz. *Prenez place.*
Dat ass wouer = Dat stëmmt. *C'est vrai.*
Dir hutt Recht. *Vous avez raison.*
Dat gefält mir. *Cela me plaît.*
Meng Aarbecht gefält mir. *Mon travail me plaît.*
Dat fannen ech flott. *Je trouve cela chouette.*
Dir wäert gesinn. *Vous allez voir.*

L'auxiliaire « **wäerten** » est parfois utilisé pour exprimer le futur, mais en général, le futur s'exprime par un verbe à l'indicatif présent combiné avec une indication de temps :
  Mir hu **muer** e Geschäftsiessen.
  ***Demain**, nous aurons un déjeuner d'affaire.*
  (voir aussi le chapitre 6, p. 60)

Exercices

Exercice n° 1

Complétez les phrases suivantes par des pronoms personnels au datif.

1. Ech schwätze véier Sproochen, mee Chineeseschkenntnesser feele .... nach.
2. Kenns du d'Mme Gardella?
   – Nee, ech sinn .... nach net begéint.
3. Kann ech .... (*vous*) hëllefen?
4. Jo, kënnt Dir .... (*nous*) weisen (*montrer*), wéi dat funktionéiert?
5. Meng Kolleegen hunn haut vill Aarbecht, mee dat schuet .... net.

Exercice n° 2

Complétez les phrases suivantes par des pronoms relatifs.

1. De Client, ... mir haut gesinn, kënnt aus China.
2. D'Kolleegin, mat .... Dir e Kaffi gedronk hutt, schafft scho laang hei.
3. Déi Aarbecht, ... ech elo maachen, gefält mir immens gutt.
4. Wou wunnt den Här, ... Dir mech virgestallt hutt?
5. Ass dat d'Resultat, ... Dir Iech erwaart hat?

IV
Am Alldag
Vie quotidienne

– La rue du paradis fiscal, s'il vous plaît ?

CHAPITRE 21

Nom Wee froen

Demander son chemin

OBJECTIFS

- Demander son chemin
- Comprendre les indications principales d'orientation
- Utiliser les chiffres ordinaux

CHAPITRE 21 NOM WEE FROEN / DEMANDER SON CHEMIN

Dialogue 1

Monsieur : Excusez-moi, comment puis-je aller à la gare ?

Madame : Longez le parc, ensuite prenez la deuxième rue à droite, traversez le pont et puis toujours tout droit.

Monsieur : Ah, merci, est-ce loin ?

Madame : Environ 3 kilomètres.

Monsieur : Y a-t-il aussi un bus qui va à la gare ?

Madame : Oui, bien sûr. La gare routière se trouve là-bas à gauche. Il y a un bus toutes les 2 minutes pour aller à la gare.

Monsieur : C'est mieux, je suis pressé. Mon train part dans une demi-heure. Au revoir madame, et merci.

Madame : De rien.

Dialogue 2

Marie : Salut, peux-tu me dire où se trouve la bibliothèque nationale ?

Maxime : Pardon ?

Marie : Je cherche la bibliothèque nationale.

Maxime : Ah, c'est tout près. Alors longe le parking ici, ensuite prends la première rue à gauche et puis à droite. C'est le bâtiment juste à côté de la cathédrale.

Marie : Merci, je vais certainement trouver. Et un distributeur de billets ?

Maxime : Au prochain croisement, au feu, il y a une banque et un distributeur. Mais il y a des banques partout ici.

Dialog 1

Monsieur: Entschëllegt, wéi kommen ech vun hei op d'Gare?

Madamm: Gitt hei laanscht de Park, dann déi zweet Strooss riets, iwwert d'Bréck an dann ëmmer riichtaus.

Monsieur: A, merci, ass dat wäit?

Madamm: Ongeféier dräi Kilometer.

Monsieur: Fiert och e Bus vun hei op d'Gare?

Madamm: Jo, natierlech. Do hanne lénks ass d'Busgare. Do fiert all zwou Minutten e Bus op d'Gare.

Monsieur: Dat ass besser, ech si presséiert. Mäin Zuch fiert an enger hallwer Stonn. Awuer Madamm a merci.

Madamm: Et ass gär geschitt.

Dialog 2

Marie: Salut, kanns du mir soen, wou d'Nationalbibliothéik ass?

Maxime: Watgelift

Marie: Ech sichen d'Nationalbibliothéik.

Maxime: A, dat ass ganz no. Da géi hei laanscht de Parking, dann déi éischt Strooss lénks an dann direkt riets. D'Bibliothéik ass dat Gebai direkt bei der Kathedral.

Marie: Merci, dat fannen ech sécher. A jo, an e Bancomat?

Maxime: Géi bis op déi nächst Kräizung, do ass direkt bei der rouder Luucht lénks eng Bank an e Bancomat. Mee hei si jo iwwerall Banken.

CHAPITRE 21 NOM WEE FROEN / DEMANDER SON CHEMIN

Vocabulaire

bei / *près de, chez*

d'Bréck (f.), d'Brécken (pl.)
le pont

do / *là*

e Kaffi drénken
prendre un café

fannen*, fonnt (hunn)
trouver

d'Gare (f.), d'Garen (pl.)
la gare

d'Gebai (n.), d'Gebaier (pl.)
le bâtiment, l'immeuble

hei / *ici*

iwwerall / *partout*

iwwert
au-dessus, par (traverser)

**d'Kathedral (f.),
d'Kathedralen (pl.)**
la cathédrale

Grammaire

Position du verbe dans la phrase subordonnée

Dans la phrase subordonnée, le verbe conjugué se place à la fin de la phrase. Il en est de même pour les questions indirectes :

Wou **ass** d'Gare? *Où se trouve la gare ?*
Kënnt Dir mir soen, wou d'Gare **ass**?
Pouvez-vous me dire où se trouve la gare ?
Wéi **kommen** ech op d'Gare?
Comment faire pour aller à la gare ?
Wësst Dir, wéi ech op d'Gare **kommen**?
Savez-vous comment faire pour aller à la gare ?

Conjugaison

Les verbes signalés par un * dans la liste du vocabulaire sont irréguliers à l'indicatif présent. Leurs formes irrégulières sont détaillées ci-dessous.

	goen (aller à pied ou en général)	fueren (aller en voiture, en train…)	fannen (trouver)	kommen (venir, arriver)
ech	ginn	fueren	fannen	kommen
du	gees	fiers	fënns	kënns
hien/si/hatt	geet	fiert	fënnt	kënnt
mir	ginn	fueren	fannen	kommen
Dir/dir	gitt	fuert	fannt	kommt
si	ginn	fueren	fannen	kommen

Impératif

Géi, Gitt!
Va, allez !

Fuer, Fuert!
Roule, roulez !

Les chiffres ordinaux

Les chiffres ordinaux fonctionnent comme des adjectifs et doivent donc être déclinés en fonction du genre du substantif qui les accompagne.
Voici les chiffres ordinaux jusqu'à 20, pour les trois genres (masculin, féminin et neutre). Le pluriel se décline comme le féminin.

	m./den	f., pl./déi	n./dat
1	éischten	éischt	éischt
2	zweeten	zweet	zweet
3	drëtten	drëtt	drëtt
4	véierten	véiert	véiert
5	fënneften	fënneft	fënneft
6	sechsten	sechst	sechst
7	siwenten	siwent	siwent
8	aachten	aacht	aacht
9	néngten	néngt	néngt
10	zéngten	zéngt	zéngt
11	eeleften	eeleft	eeleft
12	zwieleften	zwieleft	zwieleft
13	dräizéngten	dräizéngt	dräizéngt
14	véierzéngten	véierzéngt	véierzéngt
15	fofzéngten	fofzéngt	fofzéngt
16	siechzéngten	siechzéngt	siechzéngt
17	siwwenzéngten	siwwenzéngt	siwwenzéngt
18	uechtzéngten	uechtzéngt	uechtzéngt
19	nonzéngten	nonzéngt	nonzéngt
20	zwanzegsten	zwanzegst	zwanzegst

Den drëtte Stack lénks. *Le troisième étage à gauche.*
(Attention à la règle du « n » final !)
Déi zweet Strooss riets. *La deuxième rue à droite.*
Dat fënneft Gebai riets. *Le cinquième immeuble à droite.*

À partir de 20, on ajoute **-sten** aux chiffres cardinaux pour former les chiffres ordinaux :
den zweeandrësseg**sten** *(le trente-deuxième)*
den honnert**sten** *(le centième)*

CHAPITRE 21 NOM WEE FROEN / DEMANDER SON CHEMIN

Vocabulaire

kommen*, komm (sinn)
ici : arriver

**d'Kräizung (f.),
d'Kräizungen (pl.)**
le croisement

laanscht / *le long de*

lénks / *(à) gauche*

d'Luucht (f.), d'Luuchten (pl.)
*la lampe, la lumière,
le feu (circulation)*

nächst / *prochain*

**d'Nationalbibliothéik (f.),
d'Nationalbibliothéiken (pl.)**
la bibliothèque nationale

no / *près*

ongeféier / *environ*

de Park (m.), d'Parken (pl.)
le parc

**de Parking (m.),
d'Parkingen (pl.)**
le parking

riets / *(à) droite*

riichtaus / *tout droit*

rout / *rouge*

d'rout Luucht
le feu rouge

sécher / *certainement*

sichen, gesicht (hunn)
chercher

soen*, gesot (hunn)
dire

**d'Strooss (f.),
d'Stroossen (pl.)**
la rue

wäit / *loin*

wéi? / *comment ?*

wéi wäit?
à quelle distance ?

Vocabulaire

Expressions clés

En français, on emploie des verbes pour indiquer une façon de se diriger. En luxembourgeois, on utilise souvent les verbes « goen » ou « fueren » suivis d'une préposition (ou d'une particule séparable comme « erop », « erof »...). Ainsi, « longer » se traduit par « laanscht... goen » et « traverser » par « iwwert... goen » ou « duerch... goen » :

Ech gi **laanscht** de Park. *Je longe le parc.*
Ech gi **laanscht** d'Gebai. *Je longe le bâtiment.*
Ech ginn **iwwert** d'Bréck. *Je traverse le pont.*
Ech ginn **iwwert** d'Strooss. *Je traverse la rue.*
Ech ginn **duerch** de Park. *Je traverse le parc.*
Ech fuere mam Lift **erop**. *Je monte en ascenseur.*
Ech ginn d'Trapen **erof**. *Je descends les escaliers.*

Le verbe « goen » peut être remplacé par le verbe « fueren » en fonction du moyen de déplacement :

Mir **fueren** (mam Auto) laanscht de Park.
Nous longeons le parc en voiture.

→ Quelques expressions pour demander son chemin :
Wou ass...? *Où se trouve... ?*
Wou fannen ech...? *Où puis-je trouver... ?*
Ech sichen... *Je cherche...*
Wéi kommen ech vun... op...?
Comment faire pour aller de ... à ... ?
Kënnt Dir mir soen, wou...?
Pouvez-vous me dire où... ?

Si vous ne savez pas quoi répondre ou si vous ne connaissez pas vous-même le chemin, vous pouvez répondre par :
Et deet mer leed. *Désolé.*
Ech weess et net. *Je ne sais pas.*
Ech sinn net vun hei. *Je ne suis pas d'ici.*
Ech sinn net kënneg hei. *Je ne suis pas familier du lieu.*

Pour indiquer qu'un endroit est loin ou près de là où l'on se trouve, on utilise les adverbes « hei » et « do », souvent combinés avec « hannen » et « vir » :
De Bancomat ass do hannen.
Le distributeur de billets se trouve là-bas.
De Bancomat ass hei vir.
Le distributeur de billets se trouve ici (tout près).

Exercices

Exercice n° 1

Transformez les questions suivantes en questions indirectes, en commençant par « Kënnt Dir mir soen… ».

Wou ass hei e Supermarché?
Wou fannen ech hei eng Tankstell?
Wéi kommen ech vun hei op d'Gare?
Wéi wäit ass et vun hei bis op Metz?
Wou fiert de Bus fir op d'Gare?

Exercice n° 2

Écrivez les chiffres ordinaux en lettres.

De Supermarché ass déi 2. .... Strooss riets.
D'Bibliothéik ass dat 4. .... Gebai lénks.
Den Dokter ass um 3. .... Stack riets.
Mäin Haus ass dat 9. .... an der Rei.
Gitt bis bei déi 1. .... Kräizung, do ass de Bancomat.

– Allô ?

CHAPITRE 22

E Snack kafen
Acheter un snack

OBJECTIFS

- Savoir exprimer ses choix en matière de restauration
- Savoir donner des renseignements dans ce contexte

CHAPITRE  **E SNACK KAFEN** / ACHETER UN SNACK

Acheter un snack

Vendeuse : Bonjour, êtes-vous servi ? Que désirez-vous ? Nous avons une offre spéciale : un sandwich, une boisson et un dessert pour 8 euros. Cela vous intéresse-t-il ?

Monsieur Dupong : Oui, bien sûr, mais je ne sais pas quel sandwich je voudrais. Quels sandwichs avez-vous ?

Vendeuse : À cette heure-ci, nous n'avons plus que des sandwichs au fromage, au thon, au poulet ou tomates-mozarella. Il s'en est déjà vendu beaucoup.

Monsieur Dupong : Cela semble bien ! Un sandwich au fromage, s'il vous plaît, avec de l'eau pétillante et un petit pain au chocolat !

Vendeuse : Vous avez fait le bon choix : le sandwich au fromage est délicieux ! Désirez-vous autre chose ?

Monsieur Dupong : Non, merci, cela suffira !

Vendeuse : 8 euros, s'il vous plaît !

Monsieur Dupong : Voici 50 euros. Je n'ai malheureusement pas de monnaie !

Vendeuse : Ce n'est pas grave, je peux vous rendre la monnaie sur 50 euros.

Monsieur Dupong : Merci, bonne journée !

Vendeuse : Merci, de même !

E Snack kafen

D'Verkeeferin: Moien, sidd Dir zerwéiert? Wat däerf et sinn? Mir hunn eng speziell Offer: Fir 8 Euro kritt Dir e Sandwich, eppes ze drénken an en Dessert. Sidd Dir interesséiert?

Här Dupong: Moien, jo sécher, mee ech weess nach net, wat fir e Sandwich ech gären hätt. Wéi eng Sandwichen hutt Dir?

D'Verkeeferin: Momentan hunn ech nëmmen nach Kéissandwichen, Sandwiche mat Thon, Poulet oder Tomat-Mozarella. Et ass scho vill verkaaft ginn.

Här Dupong: Dat héiert sech gutt un! E Kéissandwich, wannechgelift, e Spruddelwaasser an eng Schockelasrull!

D'Verkeeferin: Dir hutt de richtege Choix getraff: de Kéissandwich ass wierklech lecker! Soss nach eppes?

Här Dupong: Nee, merci, dat wier alles!

D'Verkeeferin: 8 Euro, wannechgelift.

Här Dupong: Hei si 50 Euro. Ech hu leider keng Mënz!

D'Verkeeferin: Dat ass net schlëmm, ech kann Iech Mënz op 50 Euro ëremginn.

Här Dupong: Merci! Schéinen Dag!

D'Verkeeferin: Merci gläichfalls!

CHAPITRE 22 — E SNACK KAFEN / ACHETER UN SNACK

Vocabulaire

d'Aachtchen (f.), d'Aachtercher (pl.)
le huit (viennoiserie en forme de 8)

den Äppeljus (m.), d'Äppeljusen (pl.)
le jus de pomme

d'Äppeltäsch (f.), d'Äppeltäschen (pl.)
le chausson aux pommes

d'Bréitchen (n.), d'Bréidercher (pl.)
le petit pain

d'Cola (f.), d'Colaen (pl.)
le Coca

d'Gedrénks (n.)
la boisson

kafen*, kaaft (hunn)
acheter

d'Mëtsch (f.), d'Mëtschen (pl.), de Kaffiskichelchen (m.), d'Kaffiskichelcher (pl.)
la viennoiserie

den Orangëjus (m.), d'Orangëjusen (pl.)
le jus d'orange

de Sandwich (m.), d'Sandwichen (pl.)
le sandwich

d'Schockelasrull (f.), d'Schockelasrullen (pl.)
le petit pain au chocolat

de Snack (m.), d'Snacken (pl.)
le snack

d'Spruddelwaasser (n.)
l'eau pétillante

treffen*, getraff (hunn)
atteindre, rencontrer

Grammaire

Le verbe modal « däerfen »

En luxembourgeois, le verbe « däerfen » signifie :

→ **« *pouvoir* », « *avoir la permission de* », « *avoir le droit de* » :**

Däerf ech haut den Owend an de Kino goen?
Ai-je le droit d'aller au cinéma ce soir ?

→ **« *pouvoir* » dans des formules de politesse ou des demandes :**

Däerf ech lech ëm d'Salz bieden?
Puis-je vous demander le sel ?

→ **dans un sens de forte probabilité (comme l'exprime le conditionnel), : « *il y a de fortes chances pour que* », « *il se peut que* » :**

Hien dierft ëm 6 Auer do sinn.
Il y a de fortes chances qu'il soit là à 6 heures.

L'expression d'un vœu ou d'un souhait

Pour exprimer un vœu ou un souhait, **le verbe est accompagné de l'adverbe « gär »** :

Ech hätt gär e Bréitche mat Botter an Ham, wannechgelift.
Je voudrais un jambon-beurre, s'il vous plaît.

Ech hätt gär eng Cola ouni Zitroun, wannechgelift.
Je voudrais un Coca sans citron, s'il vous plaît.

Remarques

→ L'adverbe « gär » s'emploie également dans l'expression **gär geschitt** qui signifie *il n'y a pas de quoi* :

Merci, datt s du mir beim Plënnere gehollef hues!
Merci de m'avoir aidé à déménager !
Gär geschitt! *Il n'y a pas de quoi !*

→ L'expression **« gär hunn » signifie « *aimer* »**, soit **au sens d'« *apprécier* »** (souvent employée à la forme négative), **soit au sens d'« *être amoureux* »** :

Hien huet schlecht Nouvellen net gär.
Il n'aime pas les mauvaises nouvelles.

Ech hunn dech gär.
Je t'aime.

Conjugaison

Les verbes signalés par un * dans la liste du vocabulaire sont irréguliers à l'indicatif présent. Leurs formes irrégulières sont détaillées ci-dessous.

• Présent de l'indicatif

	treffen *(atteindre la cible, rencontrer)*	**däerfen** *(avoir la permission)*	**verkafen** *(vendre)*
ech	treffen	däerf	verkafen
du	trëffs	däerfs	verkeefs
hien/si/hatt	trëfft	däerf	verkeeft
mir	treffen	däerfen	verkafen
Dir/dir	trefft	däerft	verkaaft
si	treffen	däerfen	verkafen

• Passé composé

	treffen *(atteindre la cible, rencontrer)*	**däerfen** *(avoir la permission)*	**verkafen** *(vendre)*
ech	hu getraff	hunn däerfen	hu verkaaft
du	hues getraff	hues däerfen	hues verkaaft
hien/si/hatt	huet getraff	huet däerfen	huet verkaaft
mir	hu getraff	hunn däerfen	hu verkaaft
Dir/dir	hutt getraff	hutt däerfen	hutt verkaaft
si	hu getraff	hunn däerfen	hu verkaaft

Vocabulaire

verkafen*, verkaaft (hunn)
vendre

d'waarmt Gedrénks (n.)
la boisson chaude

d'Waasser ouni Spruddel, d'platt Waasser (n.)
l'eau plate

CHAPITRE 22 E SNACK KAFEN / ACHETER UN SNACK

Vocabulaire

Expressions clés

Ech hätt gär… *Je voudrais…*
Ech hu Mënz. / Ech hu keng Mënz.
J'ai de la monnaie. / Je n'ai pas de monnaie.
Fir wat wier et? / Wat däerf et sinn?
Que désirez-vous ?
Merci gläichfalls! *Merci, de même !*
Soss nach eppes? *Vous faut-il autre chose ?*
Wéi eng Sandwichen / Mëtschen hutt Dir?
Quels sandwichs / viennoiseries avez-vous ?
Dat ass alles. *Ce sera tout.*

Exercices

Exercice n° 1

Traduisez en français les phrases suivantes.

1. Ech hätt gär eng Pizza mat Ham an e Glas roude Wäin, wannechgelift!
2. Hien huet Imprevuen net gär.
3. De Charel huet d'Germaine zanter 30 Joer gär.
4. Et ass gär geschitt!
5. Mir hätte gär, datt s du eis beim Plënneren *(déménager)* hëllefs.

Exercice n° 2

Traduisez en français les phrases suivantes.

1. Däerf ech mat menge Suen e Buch kafen?
2. Hien dierft muer kommen.
3. Elo däerfe mir den Handy benotzen.
4. Hei däerf een net fëmmen.
5. Däerf ech Iech ëm de Wäin bieden?

Exercice n° 3

Complétez le dialogue suivant, puis traduisez-le.

Verkeefer: Moien, fir wat wier et?

Madamm Kaufmann: Moien, ech hätt gär ....

Verkeefer: Leider hu mir keng méi. Mir hunn awer nach Bréidercher: sidd Dir interesséiert?

Madamm Kaufmann: Jo, ...

Verkeefer: Soss nach eppes?

Madamm Kaufmann: Jo, ...

Verkeefer: A fir ze drénken?

Madamm Kaufmann: Eng ....

Verkeefer: Mir hunn eng speziell Offer. Haut kritt Dir den Dessert fir näischt, wann Dir dräi Saachen huelt!

Madamm Kaufmann: Merci, dat ass léif!

Verkeefer: Et ass .... geschitt!

Madamm Kaufmann: Äddi, schéinen Dag!

Verkeefer: Merci! .... !

Exercice n° 4

Supposez que vous fassiez une commande groupée pour vos collègues de bureau et vous-même à la boulangerie située près de votre lieu de travail. Passez commande auprès d'un vendeur en variant les sandwichs et les boissons.

– Strasbourg-Luxembourg, mon amour !

CHAPITRE 23

Op der Gare
À la gare

OBJECTIFS

- Savoir exprimer ses choix concernant un déplacement en train
- Savoir se renseigner dans ce contexte

CHAPITRE 23 OP DER GARE / À LA GARE

À la gare

Employé : Bonjour, Madame !

Madame Klein : Bonjour. Je voudrais un aller-retour pour Bâle, s'il-vous-plaît.

Employé : Quand voulez-vous partir ?

Madame Klein : Demain matin vers huit heures.

Employé : Malheureusement, il n'y a pas de train direct.

Madame Klein : Cela ne fait rien, combien de fois dois-je changer de train ?

Employé : Deux fois, une fois à Metz et une fois à Strasbourg. Vous avez à chaque fois dix minutes d'arrêt.

Madame Klein : C'est un peu juste. Et un peu plus tôt ?

Employé : Il y a un train à sept heures et quart, ensuite vous avez une heure d'arrêt à Strasbourg.

Madame Klein : C'est mieux. Je prends ce train-là.

Employé : Et pour le retour ?

Madame Klein : Je voudrais rentrer dimanche soir vers six heures.

Employé : Il y a un train à grande vitesse direct à six heures et quart.

Madame Klein : Parfait, je prends ce train-là. Combien coûte le billet ? Ah oui, j'ai une carte senior, j'ai donc droit à une réduction, n'est-ce pas ? …

Op der Gare

Beamten: Bonjour, Madamm!

Madamm Klein: Bonjour. Ech hätt gär en Aller-retour fir op Basel, wannechgelift.

Beamten: Wéini wëllt Dir fueren?

Madamm Klein: Muer de Moie géint 8 Auer.

Beamten: Leider fiert do keen direkten Zuch.

Madamm Klein: Dat mécht näischt, wéi dacks muss ech dann ëmklammen?

Beamten: Zweemol, eemol zu Metz an eemol zu Stroossbuerg. Dir hutt allkéiers 10 Minutten Openthalt.

Madamm Klein: Dat ass awer knapp. An e bësse méi fréi?

Beamten: Do gëtt et een um Véierel op siwen, dann hutt Dir eng Stonn Openthalt zu Stroossbuerg.

Madamm Klein: Dat ass besser. Ech huelen deen.

Beamten: A fir zeréck?

Madamm Klein: Ech komme gär e Sonndeg den Owend géint 6 Auer zeréck.

Beamten: Do gëtt et en direkte Schnellzuch um Véierel op sechs.

Madamm Klein: Tipptopp, dann huelen ech deen. Wéi vill kascht de Billjee? A jo, ech hunn eng Seniorekaart, do kréien ech jo eng Reduktioun, gell? …

CHAPITRE 23 — OP DER GARE / À LA GARE

Vocabulaire

d'Arrivée (f.), d'Arrivéeën (pl.)
l'arrivée

de Billjee (m.), d'Billjeeën (pl.)
le billet

e Billjee fir hin an zeréck / en Aller-retour /
un billet aller-retour

bleiwen, bliwwen (sinn)
rester

den Depart (m.), d'Departen (pl.)
le départ

ëm/klammen*, ëmgeklommen (sinn)
changer (de train)

entwäerten, entwäert (hunn)
composter

era/klammen*, erageklommen (sinn)
monter (dans le train)

eraus/klammen*, erausgeklommen (sinn)
descendre (du train)

de Farplang (m.), d'Farpläng (pl.)
l'horaire

d'Gare (f.), d'Garen (pl.)
la gare

d'Gepäck (n.)
les bagages

de Guichet (m.), d'Guicheten (pl.)
le guichet

den Horaire (m.), d'Horairen (pl.) *l'horaire des trains*

knapp / *juste*

Grammaire

Les prépositions spatiales « op » / « zu »

→ Pour indiquer **dans quel pays on se trouve**, on fait en général précéder le nom du pays de la préposition **an** :
Hie wunnt **an** Italien. *Il habite en Italie.*

→ Il existe de nombreuses exceptions à cette règle, notamment quand il s'agit de **petits pays ou d'îles** :
Ech wunnen **zu** Lëtzebuerg a mäi Monni **zu** Monaco.
J'habite au Luxembourg et mon oncle à Monaco.

De même, quand il s'agit d'une **localité**, on emploie en général la préposition **zu** :
Meng Groussmamm wunnt **zu** Metz a mäi Papp schafft **zu** Diddeleng. *Ma grand-mère habite à Metz et mon père travaille à Dudelange.*

Quand il s'agit d'une **localité** et qu'on veut indiquer la **direction**, on emploie la préposition **op** :
Ech ginn dacks **op** Tréier an **op** Arel akafen.
Je vais souvent à Trèves et à Arlon faire des achats.
Ech ginn **op** d'Post, fir Timberen ze kafen.
Je vais à la poste pour acheter des timbres.

Rappel : l'heure et le temps

Wéi vill Auer ass et? *Quelle heure est-il ?*

L'heure exacte :
Et ass eng / zwou Auer. *Il est 1 / 2 heure(s).*
Et ass Mëtteg / Hallefnuecht (ou Mëtternuecht).
Il est midi / minuit.

Pour les minutes et les quarts d'heure du côté droit du quadrant, il faut utiliser **op** :
Et ass 5 op 1. *Il est 1 h 05.*
Et ass Véierel op 1. *Il est 1 h 15.*

Pour les minutes et les quarts d'heure du côté gauche du quadrant, il faut utiliser **vir** :
>Et ass Véierel vir 2. *Il est 1 h 45.*
>Et ass 5 vir 2. *Il est 1 h 55.*

Pour la demie, il faut préciser la **demie de l'heure à venir** :
>Et ass hallwer 2. *Il est 1 h 30.*

Conjugaison

Les verbes signalés par un * dans la liste du vocabulaire sont irréguliers à l'indicatif présent. Leurs formes irrégulières sont détaillées ci-dessous.

• Présent de l'indicatif

	stoen (être debout)	**klammen** (grimper)
ech	stinn	klammen
du	stees	klëmms
hien/si/hatt	steet	klëmmt
mir	stinn	klammen
Dir/dir	stitt	klammt
si	stinn	klammen

• Passé composé

	stoen (être debout)	**klammen** (grimper)
ech	hu gestanen	si geklommen
du	hues gestanen	bass geklommen
hien/si/hatt	huet gestanen	ass geklommen
mir	hu gestanen	si geklommen
Dir/dir	hutt gestanen	sidd geklommen
si	hu gestanen	si geklommen

Remarques

➜ **Bleiwen** et **stoen** font partie des quelques verbes qui ont une forme de prétérit, un temps du passé plutôt rare en luxembourgeois qui lui préfère le passé composé. Il n'y a par ailleurs pas de nuance de sens entre le prétérit et le passé composé.

CHAPITRE 23 OP DER GARE / À LA GARE

Vocabulaire

**de Kontroller (m.),
d'Kontrolleren (pl.)**
le contrôleur

den Openthalt (m.)
l'arrêt, l'escale

de Quai (m.), d'Quaien (pl.)
le quai

**d'Reduktioun (f.),
d'Reduktiounen (pl.)**
une réduction

**de Schnellzuch (m.),
d'Schnellzich (pl.)**
le train rapide

stoen*, gestanen (hunn)
être debout

de Wagon (m.), d'Wagonen (pl.)
la voiture (le wagon)

**de Quai (m.),
d'Quaien (pl.)**
le quai

**d'Reduktioun (f.),
d'Reduktiounen (pl.)**
la réduction

**de Schnellzuch (m.),
d'Schnellzich (pl.)**
le train rapide

stoen*, gestanen (hunn)
être debout

**de Wagon (m.),
d'Wagonen (pl.)**
la voiture (le wagon)

den Zuch (m.), d'Zich (pl.)
le train

→ **Bleiwen** :
Ech **blouf** leien, well et mir net gutt war.
Je suis resté couché car je ne me sentais pas bien.

→ **Stoen** :
Hie **stoung** eng Stonn an der Schlaang.
Il a fait la queue pendant une heure.

→ Le verbe « klammen » présente un certain nombre de dérivés par l'ajout d'un préfixe qui en modifie le sens (bien que la conjugaison reste inchangée) : eraklammen *(monter dans un véhicule)* ; erausklammen *(descendre d'un véhicule)* ; eropklammen *(littéralement : monter en grimpant)* ; ëmklammen *(changer [de train])*.

Vocabulaire

Expressions clés

Ech hätt gär e Billjee fir...
Je voudrais un billet pour...
Ech bräicht en Dagesbilljee.
J'aurais besoin d'un billet longue durée.
Ech hätt gär en Aller-Retour.
Je voudrais un aller-retour.
Wat sinn ech Iech schëlleg?
Combien est-ce que je vous dois ?
Op wéi engem Arrêt muss ech erausklammen?
À quel arrêt dois-je descendre ?
Wat seet de Farplang?
Quels sont les horaires ?
Wéi laang dauert den Trajet?
Combien de temps dure le trajet ?

Exercices

Exercice n° 1
Complétez le dialogue suivant en utilisant les termes de l'encadré ci-dessous.
Trajet / fiert / entwäerten / Reduktioun / Quai / Aller-Retour

Här Quentin: E Billjee fir op Miersch, wannechgelift!

Beamtin: En .... oder en einfache Billjee?

Här Quentin: En .... Wéi vill kascht et?

Beamtin: Véier Euro, wannechgelift. Kritt Dir eng .... ?

Här Quentin: Nee, ech hu keng. Um wéi vill Auer .... den nächsten Zuch?

Beamtin: Um 15 Auer 30.

Här Quentin: Wéi laang dauert den .... ?

Beamtin: Zwanzeg Minutten. An et ass de .... Nummer 7. Vergiesst och net, Äre Billjee ze .... !

Exercice n° 2
En vous aidant du dialogue au début du chapitre, imaginez que vous voulez prendre le train de Luxembourg-ville jusqu'à Esch-sur-Alzette. En vous appuyant sur les brochures disponibles dans les gares, variez les horaires et les destinations !

– Vous êtes plus aimables que vos collègues parisiens !
– ... et aussi beaucoup plus chers !

CHAPITRE 24

Am Taxi
Dans un taxi

OBJECTIFS

- Savoir donner des explications circonstanciées (horaires, destination…)
- Savoir entretenir une conversation courante dans ce contexte

CHAPITRE 24 — AM TAXI / DANS UN TAXI

Dans un taxi

Chauffeuse de taxi : *Bonjour, êtes-vous monsieur Amaro ?*

Monsieur Amaro : *Bonjour, oui, c'est moi qui ai appelé un taxi pour aller à l'aéroport. Mon avion décolle dans 3 heures pour l'Italie.*

Chauffeuse de taxi : *À cette heure-ci, on roule bien, le trafic, à 6 heures du matin, n'est pas encore réveillé !*

Monsieur Amaro : *Exactement comme moi, il est encore tôt !*

Chauffeuse de taxi : *Partez-vous en vacances ?*

Monsieur Amaro : *Oui, je pars à Rome. Je vais rendre visite à ma grand-mère. Je m'en réjouis.*

Chauffeuse de taxi : *Je m'imagine bien. Je ne suis encore jamais allée à Rome. C'est certainement très beau, non ?*

Monsieur Amaro : *Oui, très beau, on a beaucoup de choses à voir : des monuments, des musées, sans oublier les délicieuses pizzas, pâtes et glaces !*

Chauffeuse de taxi : *Vous donnez envie d'aller à Rome ! Nous sommes bientôt arrivés.*

Monsieur Amaro : *Combien ça fait ?*

Chauffeuse de taxi : *29 euros, s'il vous plaît !*

Monsieur Amaro : *Voici 30 euros, c'est bon !*

Chauffeuse de taxi : *Merci beaucoup ! Je vous souhaite un agréable vol !*

Monsieur Amaro : *Merci !*

Am Taxi

Taxischauffesch: Moien, sidd Dir den Här Amaro?

Här Amaro: Moien, jo, ech hat en Taxi bestallt fir op de Fluchhafen. Mäi Fliger flitt an dräi Stonnen an Italien.

Taxischauffesch: Ëm déi Auerzäit fiert et sech gutt, den Trafic um sechs Auer moies ass nach net ganz waakreg!

Här Amaro: Genau sou wéi ech. Et ass nach fréi!

Taxischauffesch: Gitt Dir an d'Vakanz?

Här Amaro: Jo, ech fueren op Roum. Ech gi meng Groussmamm besichen. Ech freeë mech.

Taxischauffesch: Dat kann ech mer virstellen. Ech war nach ni zu Roum. Et ass bestëmmt wonnerschéin, nee?

Här Amaro: Jo, ganz schéin, do kritt ee vill ze gesinn: Monumenter, Muséeën, ouni déi lecker Pizzaen, Nuddelen a Glacen ze vergiessen!

Taxischauffesch: Dir maacht engem richteg Loscht, fir op Roum ze goen! Mir komme gläich un.

Här Amaro: Wéi vill mécht et dann?

Taxischauffesch: Nénganzwanzeg Euro, wannechgelift!

Här Amaro: Hei sinn drësseg Euro, 't ass gutt esou!

Taxischauffesch: Villmools Merci! Ech wënschen Iech e schéine Fluch!

Här Amaro: Merci!

CHAPITRE 24 — AM TAXI / DANS UN TAXI

Grammaire

Les adverbes interrogatifs

On distingue un certain nombre d'adverbes interrogatifs qui expriment différentes nuances :

➔ **la manière ou l'intensité : wéi?** *(comment ? de quelle façon ?)*

   Wéi gefält dir dat Buch?
   En quoi ce livre te plaît-il ?
   Wéi dacks muss ech dir dat nach soen?
   Combien de fois dois-je encore te le dire ?

➔ **l'âge, la taille, la hauteur, la longueur, le poids :**

   Wéi al ass deng Schwester?
   Quel âge a ta sœur ?
   Wéi laang ass deen Zuch?
   Quelle est la longueur de ce train ?

➔ **la quantité :**

   Wéi vill freet hie fir säin Auto?
   Combien demande-t-il pour sa voiture ?
   Wéi vill mécht et?
   Combien cela fait-il ?

Le plus-que-parfait

➔ On forme le plus-que-parfait en employant la forme du prétérit de « hunn » (*avoir*) ou de « sinn » (*être*), suivie du participe passé du verbe conjugué :

   Si **waren** op d'Gare **gaangen**. *Ils étaient allés à la gare.*
   Hien **hat** gutt **giess** an der Kantin.
   Il avait bien mangé à la cantine.

➔ On se sert de cette forme pour signifier **l'antériorité d'une action par rapport à une autre action qui s'est, elle-même, déroulée dans le passé** :

   Nodeems mir Kaffi **gedronk haten**, si mir am Bësch spadséiere gaangen.
   Après avoir pris le petit déjeuner (littéralement : quand nous avions pris le petit déjeuner)*, nous sommes allés nous promener dans la forêt.*

Conjugaison

Les verbes signalés par un * dans la liste du vocabulaire sont irréguliers à l'indicatif présent. Leurs formes irrégulières sont détaillées ci-dessous.

• Présent de l'indicatif

	fléien (voler)
ech	fléien
du	flitts
hien/si/hatt	flitt
mir	fléien
Dir/dir	flitt
si	fléien

• Passé composé

	fléien (voler)
ech	si geflunn
du	bass geflunn
hien/si/hatt	ass geflunn
mir	si geflunn
Dir/dir	sidd geflunn
si	si geflunn

Remarques

→ Le verbe **fléien** peut s'employer au sens propre et au sens figuré :

D'Rakéit flitt op de Mound.
La fusée vole vers la Lune.

Wéi dës Vas erofgefall ass, ass se a Stécker geflunn.
Quand ce vase est tombé, il a volé en éclats.

→ Le verbe **besichen** s'emploie de façon indifférenciée **pour une personne ou pour une chose** :

Muer gi mir eis **Tatta Jacqueline** besichen.
Demain, nous rendrons visite à notre tante Jacqueline.

An der Vakanz hu mir **schéi Monumenter** besicht.
Pendant les vacances, nous avons visité de beaux monuments.

CHAPITRE 24 AM TAXI / DANS UN TAXI

Vocabulaire

en Taxi huelen	prendre un taxi
huelen*, geholl (hunn)	prendre
de Fliger (m.), d'Fligeren (pl.)	l'avion
fléien*, geflunn (sinn)	voler
de Fluchhafen (m.), d'Fluchhäfen (pl.)	l'aéroport
d'Gare (f.), d'Garen (pl.)	la gare
mam Taxi fueren	aller en taxi
den Nuetstarif	le tarif de nuit
d'Quittung (f.), d'Quittungen (pl.)	le reçu
de reduzéierte Präis	le tarif réduit
den Tarif (m.), d'Tariffer (pl.), de Präis (m), d'Präisser (pl.)	le tarif
den Taxi (m.), d'Taxien (pl.)	le taxi
den Taxischauffer (m.), d'Taxischaufferen (pl.),	le chauffeur de taxi
d'Taxischauffesch (f.), d'Taxischauffeschen (pl.)	la chauffeuse de taxi
d'Taxistatioun (f.), d'Taxistatiounen (pl.)	la station de taxis
den Trafic, de Verkéier (m.)	le trafic
et ass décke Verkéier	la circulation est dense
Gas ginn	accélérer
reegelméisseg	régulièrement
de volle Präis	le plein tarif
u/kommen*, ukomm (sinn)	arriver

Expressions clés

Bonjour, ech ginn op (d'Gare /de Fluchhafen /nom de ville).
Bonjour, je vais à (la gare, l'aéroport, ville…).
Ech si presséiert, kéint Dir de kierzte Wee huelen, wannechgelift? *Je suis pressé, pourriez-vous prendre le chemin le plus court, s'il vous plaît ?*
Kéint ech eng Quittung kréien? *Pourrais-je avoir un reçu ?*
Wéi vill Zäit braucht Dir, fir op… ze fueren? *Combien de temps vous faut-il pour aller à… ?*
Wat sinn ech Iech schëlleg? *Combien est-ce que je vous dois ?*

Exercices

Exercice n° 1
Rétablissez l'ordre des répliques du dialogue suivant et traduisez-le.

1. – Mol kucken, Hotel Canada, 155 rue des Martyrs… An Ärer Meenung no, wéi vill Zäit brauche mir, fir dohin ze fueren?
2. – Ech benotzen de Compteur. Wou wëllt Dir higoen?
3. – Net méi wéi 30 Euro, mengen ech.
4. – Hei sinn se!
5. – Merci gläichfalls!
6. – Jo, ech ginn an den Zentrum. Ass et e Pauschalpräis (*prix forfaitaire*) oder benotzt Dir de Compteur?
7. – Merci, hei ass Är Wallis! Schéinen Dag!
8. – Wéi ass et mam Präis?
9. – Moien, braucht Dir en Taxi?
10. – Et dierft net laang dauderen, ongeféier 20 Minutten.
11. – An der Rei, maache mir eis op de Wee (*se mettre en route*).
12. – Hotel Canada, mir sinn ukomm! 27 Euro, wannechgelift!

Exercice n° 2
Imaginez un dialogue d'une dizaine de répliques dans lequel vous jouerez le rôle d'un chauffeur de taxi qui fait la conversation avec son client en lui posant quelques questions (destination, loisirs, activité professionnelle, etc.).

– Il a voulu payer la note du restaurant et il a fait un malaise !

CHAPITRE 25

Beim Dokter – Am Spidol
Chez le médecin – À l'hôpital

OBJECTIFS

- S'identifier chez le médecin, à l'hôpital
- Se renseigner sur les possibilités de remboursement ou de prise en charge par la sécurité sociale luxembourgeoise

Chez le médecin – À l'hôpital

Monsieur Loos : Bonjour madame, vous êtes une nouvelle patiente. Quel est votre nom, s'il vous plaît ?

Madame Poitiers : Mon nom est Pascale Poitiers.

Monsieur Loos : Avez-vous une carte de sécurité sociale ?

Madame Poitiers : Non, je vais la recevoir la semaine prochaine seulement.

Monsieur Loos : Ah bon ? Mais vous travaillez bien au Luxembourg ?

Madame Poitiers : Oui, et j'y habite aussi. Mais il y avait un problème avec l'adresse.

Monsieur Loos : Connaissez-vous votre numéro de matricule ?

Madame Poitiers : Oui, c'est le 1975061317784.

Monsieur Loos : Très bien, merci.

Madame Poitiers : Pour la prise en charge, est-ce que cela se fait d'office ?

Monsieur Loos : Oui, vous êtes enregistrée ici et vous habitez au Luxembourg.

Madame Poitiers : Et il ne faut rien payer ?

Monsieur Loos : Si, vous envoyez la facture de votre consultation à la caisse de santé qui vous remboursera ensuite.

Madame Poitiers : Et les médicaments ?

Monsieur Loos : À la pharmacie, vous payez seulement le tiers payant, le reste est pris en charge directement par la caisse de santé.

Madame Poitiers : C'est bien.

Monsieur Loos : Oui, n'est-ce pas ? Vous pouvez patienter dans la salle d'attente.

Beim Dokter – Am Spidol

Här Loos: Bonjour Madamm, Dir sidd eng nei Patientin. Wéi ass Ären Numm, wgl.?

Madamm Poitiers: Mäin Numm ass Pascale Poitiers.

Här Loos: Hutt Dir eng Käertche vun der Sécurité sociale?

Madamm Poitiers: Nee, ech kréien se eréischt d'nächst Woch.

Här Loos: A bon? Schafft Dir dann hei zu Lëtzebuerg?

Madamm Poitiers: Jo, an ech wunnen och hei. Mee do war e Problem mat der Adress.

Här Loos: Wësst Dir dann Är Matriculesnummer?

Madamm Poitiers: Jo, déi ass 1975061317784.

Här Loos: An der Rei, merci.

Madamm Poitiers: Wéi ass dat mat der Prise en charge? Geet dat automatesch?

Här Loos: Jo, Dir sidd jo hei ugemellt a wunnt och zu Lëtzebuerg, dat geet.

Madamm Poitiers: Muss ech dann näischt bezuelen?

Här Loos: Dach, Dir schéckt d'Rechnung vun Ärer Consultatioun un d'Gesondheetskeess. Si rembourséiert Iech dann.

Madamm Poitiers: A fir d'Medikamenter?

Här Loos: An der Apdikt bezuelt Dir nëmmen Ären Deel, de Rescht geet direkt iwwert d'Gesondheetskeess.

Madamm Poitiers: Dat ass gutt.

Här Loos: Jo, gell? Dir kënnt Iech nach ee Moment an der Salle d'attente Plaz huelen.

CHAPITRE 25 — BEIM DOKTER – AM SPIDOL / CHEZ LE MÉDECIN – À L'HÔPITAL

Grammaire

Conjugaison

Les verbes signalés par un * dans la liste du vocabulaire sont irréguliers à l'indicatif présent. Leurs formes irrégulières sont détaillées ci-dessous.

	mussen (devoir)	kënnen (pouvoir)	kréien (recevoir)	bezuelen (payer)	(sech) mellen (s'inscrire)
ech	muss	kann	kréien	bezuelen	melle mech un
du	muss	kanns	kriss	bezils	mells dech un
hien/si/hatt	muss	kann	kritt	bezilt	mellt sech un
mir	mussen	kënnen	kréien	bezuelen	mellen eis un
Dir/dir	musst	kënnt	kritt	bezuelt	mellt lech/iech un
si	mussen	kënnen	kréien	bezuelen	melle sech un

Le verbe **sech umellen** est un verbe pronominal à particule séparable, la particule séparable qui se place à la fin de la phrase étant **un**.

Les verbes **kënnen** et **mussen** sont des verbes de modalité (voir aussi le chapitre 27, p. 234).

Les adjectifs possessifs

	Masculin	Féminin	Neutre	Pluriel
ech	mäin	meng	mäin	meng
du	däin	deng	däin	deng
hien	säin	seng	säin	seng
si	hiren	hir	hiert	hir
hatt	säin	seng	säin	seng
mir	eisen/onsen	eis/ons	eist/onst	eis/ons
Dir/dir	Ären/ären	Är/är	Äert/äert	Är/är
si	hiren	hir	hiert	hir

Vocabulaire

d'Adress (f.), d'Adressen (pl.)	l'adresse
d'Apdikt (f.), d'Apdikten (pl.)	la pharmacie
bezuelen*, bezuelt (hunn)	payer
d'Consultatioun (f.), d'Consultatiounen (pl.)	la consultation
den Deel (m.), d'Deeler (pl.)	la part, la partie
den Dokter (m.), d'Dokteren (pl.)	le docteur, le médecin (homme)
d'Doktesch (f.), d'Dokteschen (pl.)	le docteur, le médecin (femme)
eréischt	seulement (pas plus tôt)
europäesch	européen
gell?	n'est-ce pas ?
d'Gesondheetskeess (f.)	la caisse (nationale) de santé
d'Kaart (f.), d'Kaarten (pl.)	la carte
d'Käertchen (f.), d'Käertercher (pl.)	la petite carte
d'Kand (n.), d'Kanner (pl.)	l'enfant
d'Keess (f.), d'Keesen (pl.)	la caisse
kënnen*, kënnen (hunn)	pouvoir
kréien*, kritt (hunn)	avoir, recevoir
de Mann (m.), d'Männer (pl.)	l'homme, le mari
d'Matriculesnummer (f.), d'Matriculesnummeren (pl.)	le numéro de matricule
d'Medikament (n.), d'Medikamenter (pl.)	le médicament
de Moment (m.), d'Momenter (pl.)	le moment
mussen*, missen (hunn)	devoir, être obligé
näischt	rien
nëmmen	seulement (pas plus)
de Patient (m.), d'Patienten (pl.)	le patient
d'Patientin (f.), d'Patientinnen (pl.)	la patiente
d'Post (f.)	la poste
de Problem (m.), d'Problemer (pl.)	le problème
d'Rechnung (f.), d'Rechnungen (pl.)	la facture
rembourséieren, rembourséiert (hunn)	rembourser
d'Salle d'attente (f.), d'Salle-d'attenten (pl.)	la salle d'attente
schécken, geschéckt (hunn)	envoyer
(sech) Plaz huelen*, geholl (hunn)	prendre place
sech u/mellen, ugemellt (hunn)	s'inscrire, s'enregistrer
ugemellt	enregistré, inscrit
verséchert	assuré

CHAPITRE 25

BEIM DOKTER - AM SPIDOL / CHEZ LE MÉDECIN - À L'HÔPITAL

Expressions clés

Le diminutif d'un substantif peut être formé en ajoutant **-chen** au mot. Souvent, la voyelle de base change aussi. Le genre du diminutif est le même que celui du mot d'origine :

>eng Kaart, eng Käertchen (f.)
>*carte, petite carte*
>en Haus, en Haischen (n.)
>*maison, petite maison*

Si le substantif se termine par -sch ou -ch, on ajoute **-elchen** :

>Buch, Bichelchen (n.)
>*livre*
>Dësch, Dëschelchen (m.)
>*table*

En luxembourgeois, on utilise beaucoup de **mots composés** dont les différents mots peuvent avoir des origines diverses.

Ainsi, on dira par exemple : Sécurité-sociales-Käertchen (ou : Käertche vun der Sécurité sociale), ce qui signifie « *carte de sécurité sociale* ». Les différents éléments sont alors reliés par des traits d'union.

Exercice

Exercice

Complétez le texte ci-dessous avec les mots de l'encadré (attention aux verbes qu'il faut conjuguer).

Matriculesnummer / rembourséieren / bezuelen / Gesondheetskeess, verséchert / mussen / ugemellt / Rechnung / Apdikt / Medikament / Sécurité-sociales-Käertchen / schécken

Ech schaffen an ech wunnen zu Lëtzebuerg, ech sinn hei ....
Wann ech an d' .... ginn,
.... ech meng ....
.... net ganz bezuelen.
Ech sinn iwwer d' ....
Ech weise meng .... oder soe meng .....
.... an da muss ech just en Deel bezuelen. Beim
Dokter kréien ech eng ...., ech ......
.... se, ... se un d'Gesondheets-
keess an d'Keess .... mech
dann.

– Votre enfant est turbulent et arrogant !
– C'est normal, il est Français !

CHAPITRE 26

An der Schoul
À l'école

OBJECTIFS

- S'enquérir des progrès de son enfant
- Mener une petite conversation avec d'autres parents
- Connaître le vocabulaire relatif à l'environnement scolaire

CHAPITRE 26 — AN DER SCHOUL / À L'ÉCOLE

Dialogue 1

Monsieur Wagner : Bonjour madame Tessier, je suis monsieur Wagner, le nouvel instituteur d'Aurélie.

Madame Tessier : Bonjour monsieur Wagner, enchantée. Comment ça se passe pour Aurélie en classe ?

Monsieur Wagner : Oh, très bien, elle participe bien et fait beaucoup d'efforts en luxembourgeois.

Madame Tessier : Alors c'est bien. À la maison, nous parlons seulement le français, mais nos voisins sont luxembourgeois et Aurélie joue beaucoup avec leurs enfants.

Monsieur Wagner : Oui, ça c'est bien. Elle a seulement quelques petites difficultés en calcul, notamment dans les problèmes. Ils sont en allemand et elle ne comprend pas toujours tout.

Madame Tessier : Oui, je sais, ce n'est pas facile d'apprendre deux nouvelles langues à la fois.

Monsieur Wagner : Oui, c'est vrai, nous organiserons après les vacances de la Toussaint un petit groupe avec des enfants francophones pour les aider dans leurs devoirs.

Madame Tessier : Mais c'est super, est-ce que je dois l'inscrire ?

Monsieur Wagner : Oui, je vais donner un formulaire d'inscription à Aurélie. Ce cours de rattrapage aura lieu tous les lundis de 16 heures à 17 heures.

Madame Tessier : Très bien, et où ?

Monsieur Wagner : Ici, à la maison relais.

Dialog 1

Här Wagner: Bonjour Madamm Tessier, ech sinn den Här Wagner, dem Aurélie säin neie Schoulmeeschter.

Madamm Tessier: Bonjour Här Wagner, enchantéiert. Wéi geet et da mam Aurélie an der Klass?

Här Wagner: O ganz gutt, hatt schafft gutt mat a gëtt sech och am Lëtzebuergesche gutt drun.

Madamm Tessier: Dann ass et gutt. Doheem schwätze mir nëmme Franséisch, mee eis Nopere si Lëtzebuerger an d'Aurélie spillt vill mat hire Kanner.

Här Wagner: Jo, dat ass gutt. Mee hatt huet just e bësse Problemer am Rechnen, also mat den Textaufgaben. Déi sinn op Däitsch an hatt versteet net ëmmer alles.

Madamm Tessier: Jo, ech weess, et ass net einfach, direkt zwou nei Sproochen ze léieren.

Här Wagner: Jo, dat ass wouer. Mir organiséieren no der Allerhellegevakanz e klenge Grupp fir speziell Aufgabenhëllef bei franséischsproochege Kanner.

Madamm Tessier: Ma dat ass jo super, muss ech hatt dofir umellen?

Här Wagner: Jo, ech ginn dem Aurélie en Ziedel fir d'Umeldung mat. Deen Nohëllefcours ass ëmmer méindes vu 4 bis 5.

Madamm Tessier: Tipptopp, a wou ass dat?

Här Wagner: Ma hei an der Maison relais.

CHAPITRE AN DER SCHOUL / À L'ÉCOLE

Dialogue 2

Madame Tessier : Bonjour, Aurélie et votre fille semblent bien s'entendre.

Monsieur Wiltgen : Ah, bonjour, Aurélie est votre fille ? Julie parle souvent d'elle. Elles jouent toujours ensemble pendant la récréation dans la cour. Ça fait longtemps que vous habitez ici ?

Madame Tessier : Non, non, seulement depuis les vacances d'été, donc depuis début juillet.

Monsieur Wiltgen : Mais vous parlez déjà bien le luxembourgeois !

Madame Tessier : Merci, nous avons pris des cours privés intensifs en famille. J'ai besoin du luxembourgeois au travail, et pour Aurélie, il est important qu'elle suive tout de suite à l'école.

Monsieur Wiltgen : Vous avez raison. Mais si elle est souvent avec d'autres enfants, elle apprendra vite. Va-t-elle aussi à la maison relais ?

Madame Tessier : Oui, les mardis et les jeudis après-midi. Je suis contente que ces structures existent. Mon mari et moi travaillons tous les deux, alors c'est bien pratique.

Monsieur Wiltgen : Oui, c'est vrai. Mais dites, Aurélie peut venir jouer un de ces jours. Ma femme et moi ne travaillons pas tous les jours, donc Julie ne va pas tous les jours à la maison relais.

Madame Tessier : Oui, c'est une bonne idée. Et Julie peut venir chez nous le week-end.

Dialog 2

Madamm Tessier: Moien, eist Aurélie an Äert Meedche schéngen sech gutt ze verstoen.

Här Wiltgen: A, moien, d'Aurélie ass Äert Meedchen? D'Julie schwätzt dacks vun him. Si spillen an der Paus am Schoulhaff ëmmer zesummen. Wunnt Dir scho laang hei?

Madamm Tessier: Ma nee, eréischt zënter der Summervakanz, also Ufank Juli.

Här Wiltgen: Dir schwätzt awer scho gutt Lëtzebuergesch!

Madamm Tessier: Merci, mir haten intensiv Privatstonne fir d'ganz Famill. Ech brauch Lëtzebuergesch op der Aarbecht a fir d'Aurélie ass et wichteg, direkt an der Schoul matzekommen.

Här Wiltgen: Ma dat stëmmt. Mee wann hatt vill mat Kanner zesummen ass, léiert hatt och séier. Geet hatt och an d'Maison relais?

Madamm Tessier: Jo, dënschdes an donneschdes nomëttes. Ech si frou, datt et déi Strukture gëtt. Mäi Mann an ech schaffen allen zwee, dann ass dat ganz praktesch.

Här Wiltgen: Jo, dat stëmmt. D'Aurélie kann och gär mol bei eis heem kommen. Meng Fra an ech schaffen net all Dag, d'Julie geet also net all Dag an d'Maison relais.

Madamm Tessier: Jo, gutt Iddi. An d'Julie ka jo dann eng Kéier de Weekend bei eis kommen.

CHAPITRE 26 AN DER SCHOUL / À L'ÉCOLE

Grammaire

La possession

Une structure bien particulière exprime la possession de la 3ᵉ personne :

Ech sinn **dem Aurélie säi** Schoulmeeschter.
Je suis l'instituteur d'Aurélie.
(Littéralement : *Je suis à Aurélie son instituteur.*)

Pour former cette structure, le « possesseur » est au datif, ce qu'il « possède » ou ce qui est à lui ou à elle est précédé par un adjectif possessif (voir aussi le chapitre 25, p. 216) :

Hien ass **dem Paul säi** Chef. *Il est le chef de Paul.*

Hien ass **dem Isabelle säi** Chef.
Il est le chef d'Isabelle.

Hien ass **der Madamm Hubert hire** Mann.
Il est le mari de madame Hubert.

Si ass **dem Här Hubert seng** Fra.
Elle est la femme de monsieur Hubert.

Si ass **dem Aurélie seng** Mamm.
Elle est la maman d'Aurélie.

Hatt ass **der Madamm Tessier hiert** Meedchen.
Elle est la fille de madame Tessier.

Conjugaison

Les verbes signalés par un * dans la liste du vocabulaire sont irréguliers à l'indicatif présent. Leurs formes irrégulières sont détaillées ci-dessous.

	verstoen (*comprendre*)	wëssen (*savoir*)	sech dru/ginn (*faire des efforts*)
ech	verstinn	weess	gi mech drun
du	verstees	weess	gëss dech drun
hien/si/hatt	versteet	weess	gëtt sech drun
mir	verstinn	wëssen	ginn eis drun
Dir/dir	verstitt	wësst	gitt lech/iech drun
si	verstinn	wëssen	ginn sech drun

Vocabulaire

d'Aarbecht (f.), d'Aarbechten (pl.)	le travail
d'Allerhellegevakanz	les vacances de la Toussaint
begeeschtert	enthousiaste
dacks	souvent
dat stëmmt	c'est vrai
einfach	simple, facile
et gëtt	il y a, il existe
franséischsproocheg	francophone
frou	content
d'Hëllef (f.), d'Hëllefen (pl.)	l'aide
intensiv	intensif
d'Kantin (f.), d'Kantinnen (pl.)	la cantine
d'Léierin (f.), d'Léierinnen (pl.)	l'institutrice
d'Maison relais	une structure de garde à l'école fondamentale (maternelle/primaire)
mat/ginn*, matginn (hunn)	donner à emporter
mat/kommen*, matkomm (sinn)	ici : suivre
mat/schaffen, matgeschafft (hunn)	participer
den Nohëllefcours (m.), d'Nohëllefcoursen (pl.)	le cours de rattrapage
den Noper (m.), d'Noperen (pl.) d'Nopesch (f.), d'Nopeschen (pl.)	le voisin
organiséieren, organiséiert (hunn)	organiser
d'Paus (f.), d'Pausen (pl.)	la pause, la récréation
d'Privatstonn (f.), d'Privatstonnen (pl.)	la leçon privée
d'Rechnen (n.)	le calcul
d'Saach (f.), d'Saachen (pl.)	la chose
de Sall (m.), d'Säll (pl.)	la salle
schéngen, geschéngt (hunn)	sembler, paraître
d'Schoul (f.), d'Schoulen (pl.)	l'école
de Schoulhaff (m.), d'Schoulhäff (pl.)	la cour de récréation
de Schoulmeeschter (m.), d'Schoulmeeschteren (pl.)	l'instituteur
sech dru/ginn*, druginn (hunn)	faire des efforts
sech verstoen*, verstan (hunn)	s'entendre
d'Spillplaz (f.), d'Spillplazen (pl.)	l'aire de jeux
d'Sprooch (f.), d'Sproochen (pl.)	la langue

CHAPITRE 26 AN DER SCHOUL / À L'ÉCOLE

stëmmen, gestëmmt (hunn)	être vrai
d'Struktur (f.), d'Strukturen (pl.)	la structure
d'Summervakanz (f.), d'Summervakanzen (pl.)	les vacances d'été
d'Textaufgab (f.), d'Textaufgaben (pl.)	le problème (en calcul)
den Ufank (m.), d'Ufäng (pl.)	le début
verstoen*, verstan (hunn)	comprendre
wëssen*, gewosst (hunn)	savoir
wichteg	important
wouer	vrai
zënter	depuis
den Ziedel (m.), d'Ziedelen (pl.)	le bout de papier, le formulaire (ici)

Expressions clés

• Les vacances dans le système scolaire luxembourgeois

L'année scolaire est divisée en trois trimestres qui sont séparés par des vacances : **Chrëschtvakanz** (*vacances de Noël*) en hiver, **Ouschtervakanz** (*vacances de Pâques*) au printemps et **Summervakanz** (*vacances d'été*) ou **Grouss Vakanz** (*grandes vacances*) qui commencent normalement le 15 juillet.
La rentrée a généralement lieu le 15 septembre. Chaque trimestre a encore ses « petites vacances », à savoir **Allerhellegevakanz** (*vacances de la Toussaint*), **Fuesvakanz** (*vacances de Carnaval*) et **Päischtvakanz** (*vacances de la Pentecôte*).

• Et gëtt

Ech si frou, dass et déi Strukture gëtt.
Je suis contente que ces structures existent.

Et gëtt peut aussi se traduire par « *il y a* » :

Gëtt et eng Maison relais an Ärer Gemeng?
Y a-t-il une maison relais dans votre commune ?

Mais attention, « ***il y a*** » se traduit par **et gëtt** uniquement au sens de « ***il existe*** ». Sinon, on utilise le verbe **sinn** :

Ech mengen, et **ass** een am Haus. *Je crois qu'il y a quelqu'un dans la maison.* (simple présence)

Sinn nach Kamellen do? *Y a-t-il encore des bonbons ?*

Exercice

Exercice

Formez des phrases en utilisant les verbes de l'encadré et en commençant par les indications de lieu ou de temps proposées ci-dessous (attention à l'inversion !). Vous pouvez utiliser les verbes plusieurs fois, ou en employer d'autres qui ne figurent pas dans la liste.

iessen / léieren / spillen / Hëllef kréien / schaffen

Am Schoulhaff ....
An der Kantin ....
An der Maison relais ....
Um Büro ....
Op der Aarbecht ....
Op der Spillplaz ....
Op der Gemeng ....
An der Schoul ....
An der Vakanz ....
An der Paus ....

– Pour qu'il s'endorme rapidement, il faut lui chanter *La Marseillaise*.

CHAPITRE 27

An der Crèche
À la crèche

OBJECTIFS

- Se renseigner sur le déroulement de la journée
- Répondre à des questions concernant les habitudes (ou éventuelles maladies et allergies) de son enfant

CHAPITRE 27 — AN DER CRÈCHE / À LA CRÈCHE

À la crèche

Monsieur Gardella : Alors, comment se déroule une journée ici, à la crèche ? Quelles activités faites-vous avec les enfants ?

Madame Decker : Eh bien, nous sommes ouverts à partir de 7 heures. Le rythme de la journée est toujours un peu le même. Nous mangeons un petit en-cas, ensuite nous faisons des jeux, ou nous chantons et dansons ensemble. Après le déjeuner, les enfants font une petite sieste et l'après-midi, nous faisons du bricolage et nous sortons au moins une heure, dans le parc, sur l'aire de jeux ou dans notre jardin.

Monsieur Gardella : Et vous fermez à quelle heure ?

Madame Decker : À 7 heures du soir.

Monsieur Gardella : Et pour la sieste ? Marie n'aime pas dormir l'après-midi.

Madame Decker : Elle n'est pas obligée de dormir. Elle peut aussi regarder un livre ou simplement se reposer.

Monsieur Gardella : Et en ce qui concerne les repas ? Les préparez-vous sur place ?

Madame Decker : Oui, notre cuisinier travaille sur place. Ah oui, Marie a-t-elle des allergies ?

Monsieur Gardella : Elle ne supporte pas les produits laitiers.

Madame Decker : Beaucoup d'enfants ont ce problème, nous y faisons attention.

Monsieur Gardella : Bien, alors à lundi pour la première journée de Marie ici.

An der Crèche

Här Gardella: Wéi verleeft dann esou den Dag hei an der Crèche? Wat fir Aktivitéite maacht Dir mat de Kanner?

Madamm Decker: Ma, mir hu vu 7 Auer un op. Den Dagesrhythmus ass ëmmer e bëssen d'selwecht. Mir iessen eppes Klenges, da maache mer Spiller oder mir sangen an danzen zesummen. Nom Mëttegiesse maachen d'Kanner nach eng kleng Sieste. An nomëttes bastele mer a mir ginn och ëmmer op d'mannst eng Stonn eraus, an de Park, op d'Spillplaz oder och just hei an de Gaart.

Här Gardella: Wéi laang hutt Dir dann op?

Madamm Decker: Bis owes 7.

Här Gardella: A wéi ass et mat der Sieste? Eist Marie schléift nomëttes net gär.

Madamm Decker: Hatt muss net schlofen. Hatt kann och e Buch kucken oder einfach raschten.

Här Gardella: A wéi ass et mam Iessen? Kacht Dir hei?

Madamm Decker: Jo, eise Kach ass hei op der Plaz. A jo, huet d'Marie iergendwelch Allergien?

Här Gardella: Hatt däerf keng Mëllechproduiten iessen.

Madamm Decker: Vill Kanner hunn dee Problem, mir passen dorop op.

Här Gardella: Gutt, ma da bis e Méindeg, fir dem Marie säin éischten Dag hei.

CHAPITRE 27 **AN DER CRÈCHE** / À LA CRÈCHE

Grammaire

Les verbes de modalité (cf. tableau de conjugaison ci-contre)

Les verbes de modalité sont en général accompagnés d'un verbe à l'infinitif qui se trouve en fin de phrase :
D'Kanner musse **schlofen**.
Les enfants doivent dormir.
D'Kanner mussen net **schlofen**.
Les enfants ne sont pas obligés de dormir.
D'Kanner mussen nomëttes net **schlofen**.
Les enfants ne sont pas obligés de dormir l'après-midi.

Attention au sens de ces verbes :

→ **mussen** exprime un devoir assez strict :
Mir musse vu moies bis owes schaffen.
Nous devons travailler du matin au soir.

→ **sollen** exprime plutôt un devoir imposé par quelqu'un d'autre, une recommandation :
Den Dokter seet, du solls Sport maachen.
Le médecin dit que tu dois faire du sport.

→ **däerfen** exprime la permission de faire quelque chose :
Dir däerft op der Autobunn mat 130 fueren.
Vous avez le droit de rouler à 130 km/h sur l'autoroute.

→ **kënnen** induit que l'on a les moyens pour faire quelque chose :
Ech ka schwammen.
Je sais nager (parce que je l'ai appris)*. / Je peux nager ici* (parce qu'il y a de l'eau)*.*

→ **wëllen** exprime un souhait (et s'utilise avec ou sans verbe à l'infinitif) :
Ech wëll eng nei Aarbecht.
Je veux un nouveau travail.
Ech wëll muer schaffen. *Je veux travailler demain.*

Pour exprimer un souhait de façon plus polie, on utilise :

→ **Ech hätt gär** (+ substantif) :
Ech hätt gär eng nei Aarbecht.
J'aimerais avoir un nouveau travail.

➜ ou **Ech géif gär** (+ verbe) :
   Ech géif gär muer schaffen.
   J'aimerais travailler demain.

Attention au sens des verbes « mussen » et « sollen » à la négation :
➜ **net mussen :** *ne pas être obligé de*
Ech muss sonndes net schaffen. *Je ne suis pas obligé de travailler le dimanche.*
➜ **net sollen :** dans le sens de « *il ne vaut mieux pas* »
Du solls net sou vill schaffen. *Tu ne dois pas travailler autant.* (Ce n'est pas bien, pas recommandé.)

Conjugaison

Les verbes signalés par un * dans la liste du vocabulaire sont irréguliers à l'indicatif présent. Leurs formes irrégulières sont détaillées ci-dessous.

	mussen (devoir, être obligé de)	**sollen** (devoir)	**däerfen** (pouvoir, avoir la permission de)	**kënnen** (pouvoir, savoir, être capable de)	**wëllen** (vouloir)
ech	muss	soll	däerf	kann	wëll
du	muss	solls	däerfs	kanns	wëlls
hien/si/hatt	muss	soll	däerf	kann	wëll(t)
mir	mussen	sollen	däerfen	kënnen	wëllen
Dir/dir	musst	sollt	däerft	kënnt	wëllt
si	mussen	sollen	däerfen	kënnen	wëllen

	schlofen (dormir)	**sangen** (chanter)	**iessen** (manger)
ech	schlofen	sangen	iessen
du	schléifs	séngs	ëss
hien/si/hatt	schléift	séngt	ësst
mir	schlofen	sangen	iessen
Dir/dir	schlooft	sangt	iesst
si	schlofen	sangen	iessen

CHAPITRE 27 AN DER CRÈCHE / À LA CRÈCHE

Vocabulaire

d'Allergie (f.), d'Allergien (pl.)	l'allergie
bastelen, gebastelt (hunn)	bricoler
d'Crèche (f.), d'Crèchen (pl.)	la crèche
den Dag (m.), d'Deeg (pl.)	le jour, la journée
danzen, gedanzt (hunn)	danser
dorop	à cela
d'Educatrice (f.), d'Educatricen (pl.)	l'éducatrice
eraus/goen*, erausgaangen (sinn)	sortir
de Gaart (m.), d'Gäert (pl.)	le jardin
iessen*, giess (hunn)	manger
d'Iessen (n.), d'Iessen (pl.)	le repas
de Kach (m.), d'Käch (pl.)	le cuisinier
kachen, gekacht (hunn)	cuisiner
d'Kächin (f.), d'Kächinnen (pl.)	la cuisinière
de Mëllechprodukt (m.), d'Mëllechproduiten (pl.)	le produit laitier
mëttes (adv.)	à midi
moies (adv.)	le matin
nomëttes (adv.)	l'après-midi
nuets (adv.)	la nuit
op der Plaz	sur place
op/passen op, opgepasst (hunn)	faire attention à
owes (adv.)	le soir
de Park (m.), d'Parken (pl.)	le parc
de Problem (m.), d'Problemer (pl.)	le problème
raschten, gerascht (hunn)	se reposer
roueg	tranquille, calme
sangen*, gesongen (hunn)	chanter
schlofen*, geschlof (hunn)	dormir
d'Spill (n.), Spiller (pl.)	le jeu
d'Spillplaz (f.), d'Spillplazen (pl.)	l'aire de jeux
d'Stonn (f.), d'Stonnen (pl.)	l'heure
verlafen*, verlaf (sinn)	se dérouler

Exercice

Exercice

Conjuguez les verbes de modalité dans les phrases suivantes.

1. D'Kanner .... (mussen) wärend der Sieste net schlofen, wann si net .... (wëllen).
2. Si .... (däerfen) och e Buch kucken oder si .... (kënnen) just raschten.
3. Si .... (sollen) awer roueg sinn.
4. D'Marie .... (wëllen) mëttes net schlofen, mee d'Educatrice seet, hatt .... (sollen) sech leeën, fir ze raschten.
5. .... (däerfen) du hei zu Lëtzebuerg schaffen?
6. .... (mussen) du och däin Auto hei umellen?
7. Dir .... (sollen) net sou vill Kaffi drénken, dat ass net gutt fir d'Gesondheet.
8. Wat .... (sollen) ech da soss drénken? Téi?
9. (kënnen) .... du mir wannechgelift hëllefen, ech .... (kënnen) dat net eleng maachen.
10. (sollen) .... du net um 3 Auer um Büro sinn?

– ... et pas de mains baladeuses pendant la séance ! [sur le panneau : Prochainement]

CHAPITRE 28

An de Kino invitéieren

Inviter au cinéma

OBJECTIFS

- Parler de loisirs
- Inviter quelqu'un à participer à une activité (par exemple, aller au cinéma)
- Accepter ou refuser une invitation
- Utiliser de façon correcte des phrases infinitives

CHAPITRE 28 — AN DE KINO INVITÉIEREN / INVITER AU CINÉMA

Inviter au cinéma

Marc : Salut Isabelle ! Alors ? Déjà fini de travailler ?

Isabelle : Ah salut, Marc ! Mais oui, il est 6 heures, je vais rentrer.

Marc : Ah bon, et que fais-tu le soir ?

Isabelle : Oh, parfois je fais du sport ou je vais prendre un pot avec des copains ou je vais au restaurant. Je cherche aussi un cours de musique, je veux perfectionner mon piano.

Marc : Ah, c'est intéressant. Et qu'en est-il du théâtre ou du cinéma ?

Isabelle : Oh, je n'aime pas trop le théâtre. Mais j'aime beaucoup aller au cinéma.

Marc : Moi aussi ! Quels films aimes-tu regarder ?

Isabelle : Je n'ai pas de préférences ; je lis les critiques ou je regarde les bandes-annonces et ensuite je décide.

Marc : Hmm, tu as envie d'aller au cinéma avec moi un de ces quatre ?

Isabelle : Oui, pourquoi pas ?

Marc : La semaine prochaine, il y aura le nouveau film luxembourgeois, il paraît qu'il est très bien.

Isabelle : Oui, c'est ce que j'ai entendu moi aussi.

Marc : Veux-tu qu'on aille voir celui-là alors ? Tu as le temps jeudi ?

Isabelle : Jeudi prochain ? Oui, ça va.

Marc : Super, je m'en réjouis.

Isabelle : O.K., alors à bientôt.

Marc : Oui, à bientôt.

An de Kino invitéieren

Marc: Moien Isabelle! An? Scho Feierowend?

Isabelle: A salut, Marc! Ma jo, et ass 6 Auer, ech ginn elo heem.

Marc: A sou, wat méchs de dann esou owes?

Isabelle: O, heiansdo maachen ech Sport oder ech ginn e Patt huele mat Frënn, oder an de Restaurant. Ech sichen och nach e Musekscours, ech wëll mäi Piano perfektionéieren.

Marc: Aha, interessant. A wéi ass et mat Kino oder Theater?

Isabelle: O, Theater ass net sou menges. Mee an de Kino ginn ech immens gär.

Marc: Ech och! Wat fir Filmer kucks de da gär?

Isabelle: Ech hu keng speziell Preferenzen; ech liesen d'Kritiken oder ech kucken d'Traileren an dann decidéieren ech.

Marc: Hm, hues de Loscht, eng Kéier mat mir an de Kino ze goen?

Isabelle: Jo, firwat net?

Marc: Nächst Woch leeft deen neie Lëtzebuerger Film do, dee soll ganz gutt sinn.

Isabelle: Jo, dat hunn ech och héieren.

Marc: Solle mer deen da kucke goen? Hues de en Donneschdeg Zäit?

Isabelle: Nächsten Donneschdeg? Jo, dat geet.

Marc: Flott, ech freeë mech.

Isabelle: Ok, bis geschwënn dann.

Marc: Jo, bis geschwënn.

CHAPITRE 28 AN DE KINO INVITÉIEREN / INVITER AU CINÉMA

Grammaire

La phrase infinitive

Dans la phrase infinitive, le verbe se place à la fin, précédé de « ze » :

Hues du Loscht, mat mir an de Kino **ze goen**?
As-tu envie d'aller au cinéma avec moi ?
Hues de Zäit, muer Sport **ze maachen**?
As-tu le temps de faire du sport demain ?
Et ass net menges, an den Theater **ze goen**.
Je n'aime pas aller au théâtre.
Ech hu keng Zäit, e Patt huelen **ze goen**.
Je n'ai pas le temps d'aller prendre un verre.

Conjugaison

Les verbes signalés par un * dans la liste du vocabulaire sont irréguliers à l'indicatif présent. Leurs formes irrégulières sont détaillées ci-dessous.

	sollen *(devoir)*	**wëllen** *(vouloir)*	**sech freeën** *(se réjouir)*
ech	soll	wëll	freeë mech
du	solls	wëlls	frees dech
hien/si/hatt	soll	wëll(t)	freet sech
mir	sollen	wëllen	freeën eis
Dir/dir	sollt	wëllt	freet lech/iech
si	sollen	wëllen	freeë sech

« Sech freeën » est un verbe réfléchi qui se construit avec les pronoms réfléchis, tels qu'ils sont présentés dans le tableau ci-dessus. Les pronoms réfléchis se placent **après** le verbe.

« Menges »

« Dat ass menges » ou « Dat ass net menges » exprime que l'on aime ou que l'on n'aime pas telle ou telle chose : Theater ass net menges. *Je n'aime pas le théâtre* (cela ne m'intéresse pas, ce n'est pas à mon goût).
Cette expression se décline en fonction de la personne qui aime ou qui n'aime pas, le sujet restant toujours la chose qu'on aime ou non.

ech	menges	*Je*
du	denges	*Tu*
hien/hatt	senges	*Il/elle (n.)*
si	hires	*Elle*
mir	eises	*Nous*
Dir/dir	Äres/äres	*Vous*
si	hires	*Ils/elles*

Kino ass net **eises**. (**Mir** hu Kino net gär).
***Nous** n'aimons pas le cinéma.*

Vocabulaire

bis geschwënn	à bientôt
decidéieren, decidéiert (hunn)	décider
e Patt huele goen*, gaangen (sinn)	aller prendre un pot
de Feierowend (m.)	la fin du travail (temps après le travail)
de Film (m.), d'Filmer (pl.)	le film
geschwënn	bientôt
heem/goen*, heemgaangen (sinn)	rentrer à la maison
de Kino (m.), d'Kinoen (pl.)	le cinéma
d'Kritik (f.), d'Kriticken (pl.)	la critique
kucken, gekuckt (hunn)	regarder
lafen (de Film leeft)	passer (le film passe)
liesen, gelies (hunn)	lire
d'Loscht	l'envie
Loscht hunn	avoir envie

CHAPITRE 28 AN DE KINO INVITÉIEREN / INVITER AU CINÉMA

de Musekscours (m.), d'Musekscoursen (pl.)	le cours de musique
nächst	prochain
de Patt (m.), d'Pätt (pl.)	le pot, le verre
perfektionéieren, perfektionéiert (hunn)	perfectionner
de Piano (m.), d'Pianoen (pl.)	le piano
d'Preferenz (f.), d'Preferenzen (pl.)	la préférence
schonn	déjà
den Theater (m.), d'Theateren (pl.)	le théâtre
wat fir een/eng?	quel/quelle ?
d'Zäit (f.), d'Zäiten (pl.)	le temps
Zäit hunn	avoir le temps

Expressions clés

→ Pour inviter quelqu'un, on peut employer différentes formules :

Gees du mat? Kënns du mat?
Tu viens avec moi/nous ?
Hues du Loscht?
As-tu envie ?
Hues du Zäit?
As-tu le temps ?

On peut accepter ou refuser une invitation de ces façons :
→ accepter :

Jo, gär. *Oui, volontiers.*
Jo, firwat net? *Oui, pourquoi pas ?*

→ refuser :

Nee, merci. *Non, merci.*
Ech hu keng Zäit. *Je n'ai pas le temps.*
Ech hu keng Loscht. *Je n'en ai pas envie.*
Dat ass net menges. *Ce n'est pas à mon goût*
(je n'aime pas cela).

Cette expression se décline en fonction de la personne (voir la page précédente).

→ Une autre façon pour refuser une invitation consiste à dire :

Dat seet mir näischt.
Cela ne me dit rien (je n'en ai pas envie).

Schwamme seet mir näischt. *Aller nager ne me dit rien.*
Kino seet mir näischt. *Je n'ai pas envie d'aller au cinéma.*
Mat dir an de Kino ze goe seet mir näischt.
Je n'ai pas envie d'aller au cinéma avec toi.

→ On peut proposer quelque chose de cette manière :
Wéi wier et mat… Musek/Sport/Kino/Theater?
que l'on pourrait traduire par :
Que dirais-tu de… musique/sport/cinéma/théâtre ?

→ **sollen**
Outre une proposition (Solle mer an de Kino goen?, *Veux-tu qu'on aille au cinéma ?*), **sollen** peux aussi exprimer une supposition ou une incertitude :
De Film soll net schlecht sinn. *Il paraît que le film n'est pas mal.*

Les verbes « sollen » et « wëllen » sont des verbes de modalité, et sont suivis d'un verbe à l'infinitif qui se place à la fin de la phrase.

Exercice

Exercice

Trouvez si dans les phrases suivantes, on propose, on accepte ou on refuse une invitation.

	proposer	*accepter*	*refuser*
Et deet mer leed, mee ech hu keng Zäit.			
Dat ass eng Superiddi, ech gi gär mat.			
Jo, gär, wéini?			
Gees de muer mat an de Kino?			
Nächst Woch ass e Concert vu Red Star. Solle mer zesumme goen?			
Ech hu leider keng Zäit.			
O nee, dat seet mer guer näischt.			
Gees de mat den neie Film vun XY kucken?			
Dat ass awer guer net menges.			
Jo, merci fir d'Invitatioun, ech komme gär mat.			

– C'est l'heure de notre jogging !
– Partez devant, je vous rattraperai !

CHAPITRE **29**

Iwwer Sport schwätzen

Conversation autour du sport

OBJECTIFS

- Exprimer sa préférence pour une activité sportive en particulier
- Inviter quelqu'un à faire du sport
- Accepter ou refuser une invitation
- S'informer sur les infrastructures

CHAPITRE 29 — IWWER SPORT SCHWÄTZEN / CONVERSATION AUTOUR DU SPORT

Dialogue 1

Pierre : Tiens, salut Isabelle, comment ça va ?

Isabelle : Ah, salut Pierre, bien. Qu'est-ce que tu fais ici ?

Pierre : Je fais du jogging, et toi ?

Isabelle : Je vais me promener. Je n'aime pas courir.

Pierre : Ah bon, tu préfères te promener. Pour moi, ce n'est pas assez sportif.

Isabelle : Oh, tu sais, je fais assez de sport. Je joue au tennis deux fois par semaine et le week-end, je vais souvent nager.

Pierre : Nager ? Ça, je n'aime pas du tout. Je préfère de loin le tennis.

Isabelle : On pourrait jouer ensemble un de ces jours. Mon partenaire de tennis n'a pas toujours le temps.

Pierre : Oui, pourquoi pas ? Mais alors tu viens aussi une fois faire du jogging avec moi.

Isabelle : Oh non, je n'en ai pas du tout envie.

Pierre : C'est bon pour ta condition physique. Allez, me voilà parti. Je t'appelle pour la partie de tennis.

Isabelle : D'accord, bonne course et à bientôt.

Dialog 1

Pierre: Hei, Moien Isabelle, wéi geet et?

Isabelle: A, Salut Pierre, ma gutt. Wat méchs du dann hei?

Pierre: Ma ech ginn joggen. An du?

Isabelle: Ech gi spadséieren, ech lafen net gär.

Pierre: A sou, du gees léiwer spadséieren. Dat ass mir net sportlech genuch.

Isabelle: O weess de, ech maache genuch Sport. Ech spillen zweemol d'Woch Tennis an de Weekend ginn ech och dacks nach schwammen.

Pierre: Schwammen? Dat maachen ech guer net gär. Da léiwer Tennis spillen.

Isabelle: Solle mer eng Kéier zesumme spillen? Mäin Tennispartner huet net ëmmer Zäit.

Pierre: Jo, firwat net? Mee da gees du och eng Kéier mat mir lafen.

Isabelle: O nee, dat seet mir awer wierklech guer näischt.

Pierre: Dat ass awer gutt fir d'Conditioun. Allez, ech si fort. Ech melle mech da fir eng Tennispartie.

Isabelle: An der Rei, laf gutt a bis geschwënn.

CHAPITRE 29 — IWWER SPORT SCHWÄTZEN / CONVERSATION AUTOUR DU SPORT

Dialogue 2

Marie : Salut Paul, nous allons faire un jogging demain après le travail. Tu viens avec nous ?

Paul : Où allez-vous pour faire du jogging ?

Marie : Dans la forêt, ce n'est pas loin du tout et il y a un chouette parcours.

Paul : Hmm, pas demain, je préfère une autre fois. Mais dis-moi, il n'y a pas de piscine près d'ici ?

Marie : Si, à environ 2 kilomètres d'ici se trouve la grande piscine olympique qui est très chouette.

Paul : Et où d'autre peut-on faire du sport ?

Marie : Il y a un centre de fitness juste à côté de la piscine, et dans la forêt, où nous faisons notre jogging, il y a des courts de tennis.

Paul : Ah oui, le tennis, ça c'est bien. Est-ce que l'un d'entre vous joue au tennis ? J'ai besoin d'un partenaire.

Marie : Demande à Isabelle, elle y joue deux fois par semaine.

Paul : Ah très bien, c'est une bonne idée.

Dialog 2

Marie: Salut Paul, mir gi muer no der Aarbecht nach joggen. Gees de mat?

Paul: Wuer gitt der dann joggen?

Marie: Ma an de Bësch, dat ass guer net wäit an do ass e flotte Parcours.

Paul: Hm, muer net, léiwer eng aner Kéier. Mee so, ass hei keng flott Schwämm?

Marie: Dach, ongeféier zwee Kilometer vun hei ass déi grouss olympesch Schwämm, déi ass immens flott.

Paul: A wou kann een dann nach Sport maachen?

Marie: Ma direkt bei der Schwämm ass e Fitness-Center, an am Bësch, wou mir jogge ginn, sinn Tennisterrainen.

Paul: A jo, Tennis spillen ass gutt. Spillt ee vun iech Tennis? Ech brauch jo och e Partner.

Marie: Fro d'Isabelle, hatt spillt zweemol d'Woch do.

Paul: A tipptopp, dat ass eng gutt Iddi.

CHAPITRE 29 — IWWER SPORT SCHWÄTZEN / CONVERSATION AUTOUR DU SPORT

Vocabulaire

d'Aarbecht (f.), d'Aarbechten (pl.)
le travail

aner / *autre*

de Bësch (m.), d'Bëscher (pl.)
la forêt

bis geschwënn / *à bientôt*

brauchen*, gebraucht (hunn)
avoir besoin de

d'Conditioun (f.), d'Conditiounen (f.) (pl.)
la condition

dacks / *souvent*

ëmmer / *toujours*

eng Kéier
une fois, un de ces jours

firwat? / *pourquoi ?*

de Fitness-Center (m.), d'Fitness-Centeren (pl.)
le centre de fitness

flott / *chouette, sympa*

fort / *parti*

gär / *volontiers*

genuch / *assez*

geschwënn / *bientôt*

grouss / *grand*

guer net / *pas du tout*

d'Iddi (f.), d'Iddien (pl.)
l'idée

joggen, gejoggt (sinn)
faire du jogging

lafen*, gelaf (sinn) / *courir*

léiwer / *de préférence*

… mol / *… fois*

no (préposition) / *après*

olympesch / *olympique*

Grammaire

« gär » et son comparatif « léiwer »

Il n'existe pas de verbe propre pour traduire « *aimer* » en luxembourgeois (voir aussi le chapitre 5, p. 48). Pour exprimer qu'on aime faire quelque chose, on utilise le verbe de l'activité en question, suivi de « **gär** » :

Ech iesse gär.
J'aime manger.
Ech iesse gär Pizza.
J'aime manger de la pizza.
Ech spille gär.
J'aime jouer.
Ech spille gär Tennis.
J'aime jouer au tennis.

Pour exprimer qu'on aime quelque chose ou quelqu'un, on utilise le verbe « hunn » suivi de « gär ».

Ech hu Pizza gär. *J'aime la pizza.*
Ech hu meng Fra gär. *J'aime ma femme.*

→ Le comparatif de **gär** est **léiwer**. Pour exprimer une préférence, on utilise donc « léiwer » :

Du spills **gär** Tennis. Ech spille **léiwer** Fussball.
Tu aimes jouer au tennis. Je préfère jouer au football.
Ech spille **léiwer** Fussball **wéi** Tennis.
Je préfère jouer au football plutôt qu'au tennis.
On pourrait aussi dire :
Ech hu **léiwer** Fussball **wéi** Tennis.
Je préfère le football au tennis. (Ici, il est moins clair si l'on est actif ou passif.)

→ Si le verbe change, il faut utiliser **wéi dass** dans la comparaison :

Ech spille léiwer Tennis **wéi dass** ech schwammen.
Je préfère jouer au tennis que nager.

Les particules séparables

En luxembourgeois, le sens de certains verbes est précisé par des particules (préfixes) séparables. Elles sont dites séparables car, lorsque le verbe est conjugué, elles ne sont plus liées à celui-ci, mais placées derrière lui ou en dernière position dans la phrase.

La particule « mat » donne au verbe le sens d'accompagner, sans préciser la personne avec laquelle on fait l'activité. En français, on préciserait avec qui on fait telle ou telle activité. En luxembourgeois, on dit « *je joue avec* », dans le sens de « je participe au jeu ».
On trouve souvent ces verbes dans des invitations à participer à une activité, sous forme de question ou de proposition à l'impératif :

Mir gi schwammen. Gees du mat?
Nous allons nager. Viens-tu avec (sous-entendu : nous) *?*
Ou : Géi mat! *Viens avec* (nous) *!*
Mir spillen Tennis. Spills du mat?
Nous jouons au tennis. Joues-tu avec (nous) *?*
Ou : Spill mat! *Joue avec* (nous) *!*

Conjugaison

Les verbes signalés par un * dans la liste du vocabulaire sont irréguliers à l'indicatif présent. Leurs formes irrégulières sont détaillées ci-dessous.

	lafen (*courir*)	**schwammen** (*nager*)	**brauchen** (*avoir besoin de*)
ech	lafen	schwammen	brauch
du	leefs	schwëmms	brauchs
hien/si/hatt	leeft	schwëmmt	brauch
mir	lafen	schwammen	brauchen
Dir/dir	laaft	schwammt	braucht
si	lafen	schwammen	brauchen

CHAPITRE 29 — IWWER SPORT SCHWÄTZEN / CONVERSATION AUTOUR DU SPORT

Vocabulaire

d'Schwämm (f.), d'Schwämmen (pl.)
la piscine

schwammen*, geschwommen (sinn)
nager

sech mellen, gemellt (hunn)
se manifester

spadséieren, spadséiert (sinn)
se promener

spillen, gespillt (hunn)
jouer

Sport maachen*, gemaach (hunn)
faire du sport

sportlech
sportif

Tennis spillen
jouer au tennis

den Tennispartner (m.), d'Tennispartner (pl.)
le partenaire de tennis

den Tennisterrain (m.), d'Tennisterrainen (pl.)
le court de tennis

wierklech
vraiment

wuer?
où ? (avec un déplacement)

Zäit hunn
avoir du temps

zesummen
ensemble

Vocabulaire

Expressions clés

→ On utilise souvent le verbe **goen** en combinaison avec d'autres verbes d'activité :
  Ech gi schwammen.
  Je vais nager / me baigner.
  Ech gi spadséieren.
  Je vais me promener.
  Ech ginn joggen.
  Je vais faire du jogging.

→ Pour proposer quelque chose à quelqu'un, on utilise **sollen** :
  Solle mir zesummen Tennis spillen?
  Veux-tu que nous jouions au tennis ?
  Solle mir spadséiere goen?
  Veux-tu que nous allions nous promener ?

→ Pour exprimer qu'on n'a pas envie de faire quelque chose, on peut dire :
  Dat seet mir näischt.
  Cela ne me dit rien.
  Dat maachen ech net gär.
  Je n'aime pas faire cela.

Exercice

Exercice

Formez des phrases en indiquant vos préférences.
Exemple : léieren: Mathematik/Geographie
→ Ech léiere léiwer Mathematik wéi Geographie.
Je préfère apprendre les mathématiques que la géographie.

1. spillen: Handball/Basketball

2. iessen: Pizza/Spaghettien

3. drénken: Wäin/Béier

4. fueren: mam Auto/mam Bus

5. schaffen: an der Stad/ zu Esch

6. wunnen: zu Lëtzebuerg/a Frankräich

7. goen: schwammen/joggen

8. schwätzen: Franséisch/Lëtzebuergesch

9. maachen: Sport/näischt

10. lafen: am Bësch/op der Strooss

– Je crois que votre mari a trop bu de jus de pomme français !

CHAPITRE 30

Op Besuch bei sengen Noperen

Invitation entre voisins

OBJECTIFS

- Discuter de façon informelle sur divers sujets
- Comparer
- Connaître le vocabulaire relatif à l'intérieur d'un habitat

CHAPITRE 30 — OP BESUCH BEI SENGEN NOPEREN / INVITATION ENTRE VOISINS

Invitation entre voisins

Monsieur Gloden : Ah bonsoir, madame Gardella. Ou puis-je vous appeler Antonia ?

Madame Gardella : Oui, et nous pouvons nous tutoyer, c'est plus sympa. Mon mari va bientôt arriver, il travaille encore.

Monsieur Gloden : Pas de problème, ma femme est encore en train de préparer l'apéritif à la cuisine.

Madame Gardella : Oh, que le salon est grand ! Beaucoup plus grand que le nôtre.

Monsieur Gloden : Oui, nous avons un grand appartement avec quatre chambres, dont une sert de bureau et de bibliothèque.

Madame Gardella : Vous habitez ici depuis longtemps ?

Monsieur Gloden : Oui, depuis plus de dix ans. Le quartier nous plaît beaucoup.

Madame Gardella : Oui, c'est très calme ici, en tout cas plus calme que notre ancien appartement, qui donnait sur une rue principale.

Monsieur Gloden : Oui, mais c'est aussi un quartier assez cher.

Madame Gardella : Eh bien, on ne peut pas tout avoir.

Monsieur Gloden : Et puis, c'est tout près de beaucoup de commerces, il y a un boulanger juste au coin.

Madame Gardella : Oui, et je suis beaucoup plus près de mon travail.

Monsieur Gloden : Donc rien que des avantages, et vous avez aussi de gentils voisins, n'est-ce pas ?

Madame Gardella : Ah oui, les plus gentils qu'on ait jamais eus !

Monsieur Gloden : Ah tiens, voilà Isabelle avec l'apéritif. Il ne nous reste plus qu'à attendre ton mari.

Op Besuch bei sengen Noperen

Här Gloden: A, gudden Owend, Madamm Gardella. Oder däerf ech Antonia soen?

Madamm Gardella: Jo, mir kënnen eis och duzen, dat ass méi sympathesch. Mäi Mann kënnt geschwënn, hie schafft nach.

Här Gloden: Kee Problem, meng Fra ass nach amgaang, den Aperitif an der Kichen ze preparéieren.

Madamm Gardella: O, wéi schéi grouss ass de Salon! Vill méi grouss wéi eisen.

Här Gloden: Jo, mir hunn eng grouss Wunneng mat véier Schlofkummeren, dovun ass eng Büro a Bibliothéik.

Madamm Gardella: Wunnt dir scho laang hei?

Här Gloden: Jo, scho méi wéi 10 Joer. De Quartier gefält eis ganz gutt.

Madamm Gardella: Jo, et ass schéi roueg hei, vill méi roueg wéi eis al Wunneng, direkt un enger Haaptstrooss.

Här Gloden: Jo, mee et ass natierlech och e bësse méi en deiere Quartier.

Madamm Gardella: Tjo, näischt fir näischt.

Här Gloden: An et ass och no bei ville Geschäfter, et ass direkt e Bäcker hei ëm den Eck.

Madamm Gardella: Jo, an ech si vill méi no bei menger Aarbecht.

Här Gloden: Also nëmme Virdeeler, a léif Noperen hutt dir och elo, gell?

Madamm Gardella: A jo, déi léifst, déi mer jee haten!

Här Gloden: A hei, do ass jo d'Isabelle mam Aperitif. Da musse mer just nach op däi Mann waarden.

CHAPITRE 30

OP BESUCH BEI SENGEN NOPEREN / INVITATION ENTRE VOISINS

Grammaire

Le comparatif

→ Le comparatif est formé à l'aide de **méi** et de **wéi** :
Är Wunneng ass **méi** grouss **wéi** eis (Wunneng).
Votre appartement est plus grand que le nôtre.
Hei ass et **méi** roueg **wéi** do.
Ici, c'est plus calme que là-bas.
Ech si **méi** no bei menger Aarbecht.
Je suis plus près de mon travail.
… à l'exception des comparatifs irréguliers comme « besser » (comparatif de « gutt »), « léiwer » (comparatif de « gär »), « manner » (comparatif de « wéineg »), « méi » (comparatif de « vill »).

→ L'adjectif épithète se décline au comparatif suivant le genre et le nombre :
• **avec l'article indéfini, qui se place entre « méi » et l'adjectif (au pluriel, il n'y a pas d'article) :**
Et ass **méi en deiere** Quartier.
C'est un quartier plus cher.
Et ass **méi eng deier** Géigend.
C'est une région plus chère.
Et ass **méi en deiert** Buch.
C'est un livre plus cher.
Et si **méi deier** Kaddoen.
Ce sont des cadeaux plus chers.

• **avec l'article défini, qui se place devant « méi » et l'adjectif :**
Ech kucken **dee méi deiere** Quartier.
Je regarde le quartier le plus cher.
(sous-entendu : des deux).
Ech huelen **déi méi deier** Wunneng.
Je prends l'appartement le plus cher.
Ech lounen **dat méi deiert** Haus.
Je loue la maison la plus chère.
Ech kafen **déi méi deier** Miwwelen.
J'achète les meubles les plus chers.

Le superlatif

Le superlatif se forme en ajoutant **-st(en)** à la dernière syllabe d'un adjectif et avec l'article défini **deen, déi, dat, déi** ou l'adjectif possessif (mäin, däin, etc.)

Un certains nombre d'adjectifs ont une forme irrégulière au superlatif :

Adjectif	Traduction	Superlatif (adverbe)
aarm	pauvre	**am äermsten**
al	vieux	**am eelsten**
gutt	bon	**am beschten**
grouss	grand	**am gréissten**
haart	dur	**am häertsten**
jonk	jeune	**am jéngsten**
kuerz	court	**am kierzten**
schwaach	faible	**am schwächsten**
vill	beaucoup	**am meeschten**
wéineg	peu	**am mannsten**
waarm	chaud	**am wäermsten**

Conjugaison

Les verbes signalés par un * dans la liste du vocabulaire sont irréguliers à l'indicatif présent. Leurs formes irrégulières sont détaillées ci-dessous.

	gefalen *(plaire)*	**waarden** *(attendre)*
ech	gefalen	waarden
du	gefäls	waarts
hien/si/hatt	gefält	waart
mir	gefalen	waarden
Dir/dir	gefaalt	waart
si	gefalen	waarden

# CHAPITRE 30 — OP BESUCH BEI SENGEN NOPEREN / INVITATION ENTRE VOISINS

Vocabulaire

d'Aarbecht (f.), d'Aarbechten (pl.)	le travail
amgaang ze + Verb	en train de
den Aperitif (m.), d'Aperitiffer, (pl.)	l'apéritif
de Bäcker (m.), d'Bäcker (pl.)	le boulanger
benotzen, benotzt (hunn)	se servir, utiliser
d'Bibliothéik (f.), d'Bibliothéiken (pl.)	la bibliothèque
d'Buedzëmmer(n. ou f.), d'Buedzëmmer(en) (pl.)	la salle de bains
de Büro (m.), d'Büroen (pl.)	le bureau
de Buttek (m.), d'Butteker (pl.)	le (petit) magasin
den Eck (m.), d'Ecker (pl.)	le coin
de Fall (m.), d'Fäll ((pl.)	le cas
gefalen*, gefall (hunn)	plaire
d'Geschäft (n.), Geschäfter (pl.)	le magasin
d'Haaptstrooss (f.), d'Haaptstroossen (pl.)	la rue principale
jee	jamais (dans un sens positif, employé avec un superlatif)
d'Kichen (f.), d'Kichen (pl.)	la cuisine
léif	gentil
méi... wéi...	plus... que...
no (adj.)	près
no bei...	près de...
den Nodeel (m.), d'Nodeeler (pl.)	le désavantage, l'inconvénient
den Noper (m.), d'Noperen (pl.)	le voisin
d'Nopesch (f.), d'Nopeschen (pl.)	la voisine
op alle Fall	en tout cas
de Quartier (m.), d'Quartieren (pl.)	le quartier
de Salon (m.), d'Salonen (pl.)	le salon
d'Schlofkummer (f.), d'Schlofkummeren (pl.)	la chambre
de Supermarché (m.), d'Supermarchéen (pl.)	le supermarché
vill méi	beaucoup plus
de Virdeel (m.), d'Virdeeler (pl.)	l'avantage
waarden (op), gewaart (hunn)	attendre quelqu'un
d'Zëmmer(n.), d'Zëmmer(en) (pl.)	la pièce

Expressions clés

Meng Fra ass **amgaang**, den Aperitif ze preparéieren.
Ma femme est en train de préparer l'apéritif.
Ëm den Eck. *Au coin.*
Derrière le coin de la rue. (Littéralement : autour du coin.)
Déi léifst Noperen, déi mer **jee** haten.
Les voisins les plus gentils que l'on ait jamais eus.
Mir benotzen d'Zëmmer als Bibliothéik.
La chambre nous sert de bibliothèque. (Littéralement : nous utilisons la chambre comme bibliothèque.)
De Quartier **gefält** eis **gutt**. *Le quartier nous plaît bien.*
Ech **waarden op** mäi Mann. (verbe prépositionnel)
J'attends mon mari.

Exercice

Exercice

Formez des phrases en utilisant des comparatifs.
Exemple : Pierre : 1.75m, Paul : 1.80m, grouss sinn
→ De Paul ass méi grouss wéi de Pierre.
Paul est plus grand que Pierre.

1. meng Wunneng: 1200€, deng Wunneng: 1300€, deier sinn
2. eise Salon: 30 m², äre Salon: 35 m², grouss sinn
3. mäin Noper, dem Antonia säin Noper, léif sinn
4. d'Wunneng op der Haaptstrooss, d'Wunneng beim Park, roueg sinn
5. mäi Mann: bis 8 Auer, mäin Noper: bis 7 Auer, laang schaffen
6. meng nei Wunneng: 50 m bis bei de Bäcker, meng al Wunneng: 1 km bis bei de Bäcker, no beim Bäcker sinn
7. Antonia: 2 Joer, Paul: 10 Joer, laang zu Lëtzebuerg wunnen
8. eis Wunneng: 4 Schlofkummeren, är Wunneng: 3 Schlofkummeren, kleng sinn
9. mäi Meedchen: 17 Joer, däi Jong: 15 Joer, al sinn
10. dem Antonia säi Mann: um 20.15, Antonia: um 20.00, spéit kommen

Verbesserung vun den Exercicen

Corrigés des exercices

CORRIGÉS

CHAPITRE 1, p. 9 : Begréissungen / *Salutations et présentations*

Exercice n° 1, p. 16
Moien, **wéi** geet et? **Gutt**, an lech? **Wou** wunnt Dir? **An** der Stad.
Kommt Dir **aus** Frankräich? **Nee**, ech kommen aus Italien. Schafft Dir **hei**?
Jo, schonn 3 Joer. Ech **sinn** de Paul, ech **schwätze** Lëtzebuergesch.

Traduction :
Bonjour, comment ça va ? Bien, et vous ? Où habitez-vous ? En ville.
Venez-vous de France ? Non, je viens d'Italie. Travaillez-vous ici ?
Oui, (depuis) déjà 3 ans. Je suis Paul, je parle luxembourgeois.

Exercice n° 2, p. 16
Moien, ech **heesche** Paul, ech wunnen an der Stad. Ech **schaffe** bei der Firma Globalux zu Esch. Ech **schwätze** Lëtzebuergesch, Däitsch, Englesch a Franséisch.
Gudde Moien, Här Pesch. Wéi ass **Äre** Virnumm?
Ech **heesche** Gilles Pesch. Ech schaffen och hei, an ech wunnen och hei zu Esch.

Traduction :
Bonjour, je m'appelle Paul, j'habite en ville. Je travaille chez la société Globalux, à Esch. Je parle luxembourgeois, allemand, anglais et français.
Bonjour, monsieur Pesch. Quel est votre prénom ?
Je m'appelle Gilles Pesch. Je travaille aussi ici, et j'habite aussi à Esch.

Exercice n° 3, p. 17
d'Isabelle	den Antoine	den Ivan
de Claude (m.)/d'Claude (f.)	den Théo	de Frank
de Serge	de Luc	de Yann
de Maurice	d'Marie	d'Joëlle
d'Claire	de Louis	de Pierre

Exercice n° 4, p. 17
Ech kommen aus   **Ech schwätze(n)**
1. Däitschland   6. Chineesesch
2. Frankräich   5. Spuenesch
3. England   10. Polnesch
4. Italien   9. Dänesch
5. Spuenien   3. Englesch
6. China   4. Italieenesch
7. Portugal   2. Franséisch
8. Russland   7. Portugisesch
9. Dänemark   1. Däitsch
10. Polen   8. Russesch

CHAPITRE 2, p. 19 : Duzen an dierzen / *Tutoiement et vouvoiement*

Exercice n° 1, p. 25
Kënns **du** aus Italien oder aus Portugal? Kënnt **Dir** muer an de Büro kommen?
Wat maacht **Dir** den Owend? Wat sees **du**? Hutt **Dir** haut Congé?

CORRIGÉS

Traduction :
Viens-tu d'Italie ou du Portugal ? Pouvez-vous venir au bureau demain ?
Que faites-vous ce soir ? Que dis-tu ? Êtes-vous en congé aujourd'hui ?

Exercice n° 2, p. 25
Wat **méchs** du de Weekend? (maachen) Vu wou **kommt** Dir? (kommen) **Kanns** du muer schaffe kommen? (kënnen) **Hutt** Dir haut Congé? (hunn) **Kuckt** dir den Owend d'Tëlee? (kucken) **Gesäis** du de Chef de Mëtteg? (gesinn) Wéi **heescht** Dir? (heeschen) **Wunns** du och an der Stad? (wunnen) **Schafft** dir all um Büro? (schaffen)

Traduction :
Que fais-tu le week-end ? D'où venez-vous ?
Peux-tu venir travailler demain ? Êtes-vous en congé aujourd'hui ?
Regardez-vous la télé ce soir ? Vois-tu le chef ce midi ?
Comment vous appelez-vous ? Habites-tu aussi en ville ?
Travaillez-vous tous au bureau ?

CHAPITRE 3, p. 27 : Entschëllegungen / *Excuses*

Exercice, p. 33
A. Blablabla.
B. Entschëllegt, mee **ech verstinn net**, wat Dir sot.
(Excusez-moi, mais je ne comprends pas ce que vous dites.)
A. Blablablabla.
B. Kënnt Dir dat **widderhuelen, wannechgelift**?
(Pouvez-vous répéter, s'il vous plaît ?)
A. Blablabla.
B. Watgelift? Schwätzt **net sou séier**, wannechgelift.
(Pardon ? Ne parlez pas si vite, s'il vous plaît.)
A. Bla bla bla bla bla.
B. Nach eng Kéier, wannechgelift.
(Encore une fois, s'il vous plaît.)
A. Bla bla bla bla bla.
B. Kënnt Dir **méi lues** schwätzen, wannechgelift?
(Pouvez-vous parler plus lentement, s'il vous plaît ?)
A. Blaaaablaaaablaaaa.
B. A, elo verstinn ech! **Villmools Merci**!
(Ah, maintenant je comprends ! Merci beaucoup !)

CHAPITRE 4, p. 35 : Renseignementer / *Renseignements*

Exercice, p. 43
Ech **hätt** gär eng nei Dreckskëscht. **Hätt** Dir och gär en Handy mat Internet?
Ech **géif** gär wëssen, wou Dir wunnt. Wat fir e Formulaire **hätt** Dir gär?
Wou **géift** Dir gär wunnen? Ech **hätt** gär en Appartement an der Stad.
Hätt Dir gär Renseignementer iwwer de Präis? Ech **géif** gär kucken, wou dat ass.
Géift Dir gär den Hond umellen? Ech **géif** Iech gär eppes froen.

CORRIGÉS

Traduction :
Je voudrais une nouvelle poubelle. Voudriez-vous aussi un téléphone portable avec Internet ?
Je voudrais savoir où vous habitez. Quel formulaire voudriez-vous ?
Où voudriez-vous habiter ? Je voudrais un appartement en ville.
Voudriez-vous des renseignements sur le prix ? Je voudrais voir où c'est.
Voudriez-vous faire enregistrer le chien ? Je voudrais vous demander quelque chose.

CHAPITRE 5, p. 45 : E Rendez-vous ausmaachen (fir eng Wunneng kucken ze goen) Rendez-vous (pour visiter une location)

Exercice n° 1, p. 52
15.05 Et ass fënnef op dräi (nomëttes). **17.15** Et ass Véierel op fënnef (nomëttes).
18.25 Et ass fënnef vir hallwer siwen (owes). **3.10** Et ass zéng op dräi (nuets).
7.50 Et ass zéng vir aacht (moies). **6.35** Et ass fënnef op hallwer siwen (moies).
9.40 Et ass zwanzeg vir zéng (moies). **16.45** Et ass Véierel vir fënnef (nomëttes).
13.20 Et ass zwanzeg op eng (mëttes). **1.30** Et ass hallwer zwou (nuets).
12.55 Et ass fënnef vir eng (mëttes). **0.00** Et ass Hallefnuecht.

Exercice n° 2, p. 52
Quelle heure est-il ? Il est...

(17.35)	9.45
7.50	16.40
19.05	5.20
21.30	7.35
8.10	15.50
12.00	4.25
6.15	21.55

Exercice n° 3, p.53
1. Haut de Moien hu mir e Rendez-vous.   *Ce matin, nous avons un rendez-vous.*
2. Freides moies hunn ech am léifsten.   *Je préfère le vendredi matin. (superlatif)*
3. Mir schaffen de Weekend net.   *Nous ne travaillons pas le week-end.*
4. Geet et lech am Dag?   *Cela vous convient-il en journée ?*
5. Mir ginn donneschdes d'Haus kucken.   *Nous allons visiter la maison jeudi.*

CHAPITRE 6, p. 57 : Op der Gemeng / À la mairie

Exercice n° 1, p. 62
Martine Weber: Pierre, moien, et ass d'Martine um Telefon. Stéieren ech?
Pierre Bartaud: Bonjour, Martine, guer net. Wéi kann ech dir hëllefen?
Martine Weber: Ma, ech wollt dir e puer Froe stellen, well ech op Lëtzebuerg plënnere wëll. Wat muss ee maachen, fir sech do ze installéieren?
Pierre Bartaud: Du muss dech op der Gemeng, an déi s du plënners, umellen. Da kriss du e Residenzschäin. Dat Dokument brauchs du och nach fir aner administrativ Demarchen.
Martine Weber: Ass dat alles?
Pierre Bartaud: Nee, ech weess, datt et eng Lëscht gëtt mat all den Dokumenter, déi néideg sinn.
Martine Weber: Merci, Pierre, ech gi mol dës Formulairë sichen a wann ech nach eng Fro hunn, ruffen ech dech zeréck.
Pierre Bartaud: Keng Ursaach!

CORRIGÉS

Traduction
Martine Weber : *Pierre, bonjour, c'est Martine à l'appareil, est-ce que je te dérange ?*
Pierre Bartaud : *Bonjour Martine, pas du tout. En quoi puis-je t'aider ?*
Martine Weber : *Bien, je voulais te poser quelques questions parce que je voudrais déménager au Luxembourg. Que doit-on faire pour s'y installer ?*
Pierre Bartaud : *Tu dois t'inscrire à la mairie de l'endroit où tu veux déménager. Tu recevras ainsi un certificat de résidence : tu auras besoin de ce document pour d'autres démarches administratives.*
Martine Weber : *Est-ce que c'est tout ?*
Pierre Bartaud : *Non, je sais qu'il existe une liste de tous les documents qui sont nécessaires.*
Martine Weber : *Merci, Pierre, je vais déjà aller chercher ce formulaire et au cas où j'aurais une question, je te rappellerais.*
Pierre Bartaud : *De rien !*

Exercice n° 2, p. 63
3. Madamm Hoffmann: Miwwel Hoffmann, Bonjour. Wéi kann ech Iech hëllefen?
8. Här Wohlfarth: Bonjour, Marco Wohlfarth um Apparat. Ech ruffe wéinst der Annonce un. Dir sicht jo e Magasinier?
6. Madamm Hoffmann: Jo, effektiv, hutt Dir schonn Erfarung an deem Beräich? Vu wou sidd Dir, wann ech däerf froen?
1. Här Wohlfarth: Ech hunn zwee Joer zu Metz als Magasinier geschafft, an ech si viru Kuerzem op Esch geplënnert. Ech komme vun Diddenuewen.
7. Madamm Hoffmann: Hutt Dir Iech schonn op der Gemeng ugemellt? Hutt Dir all déi néideg Pabeieren? Falls mir Iech géifen astellen, bräichte mir all déi Dokumenter.
4. Här Wohlfarth: Jo, dat hunn ech scho gemaach. Ech hunn e Residenzschäin kritt, mee ech muss nach e puer Demarchë maachen.
2. Madamm Hoffmann: Wann Dir alles hutt, rufft nach eng Kéier un an da kënne mir en Termin ausmaachen.
5. Här Wohlfarth: An der Rei, maachen ech, bis geschwënn!

Traduction
Madame Hoffmann : *Meubles Hoffmann, bonjour. En quoi puis-je vous aider ?*
Monsieur Wohlfarth : *Bonjour, Marco Wohlfarth à l'appareil, j'appelle pour l'annonce. Vous cherchez bien un magasinier ?*
Madame Hoffmann : *Oui, en effet, avez-vous de l'expérience dans ce domaine ? D'où venez-vous, si je puis me permettre ?*
Monsieur Wohlfarth : *J'ai travaillé deux ans comme magasinier à Metz, et j'ai récemment déménagé à Esch. Je viens de Thionville.*
Madame Hoffmann : *Vous êtes-vous déjà inscrit à la mairie ? Avez-vous tous les papiers nécessaires ? Au cas où nous vous engagerions, nous aurions besoin de ces documents.*
Monsieur Wohlfarth : *Oui, ça je l'ai déjà fait. J'ai reçu un certificat de résidence, mais je dois encore effectuer quelques démarches.*
Madame Hoffmann : *Quand vous aurez tout, rappelez et là, nous pourrons fixer un rendez-vous.*
Monsieur Wohlfarth : *Très bien, je le ferai, à bientôt !*

CORRIGÉS

CHAPITRE 7, p. 65 : Op der Bank / À la banque

Exercice, p. 71
Beamtin: Wëllt Dir Suen op de Compte courant oder op de Spuerkont setzen?
Här Reding: Ech **iwwerweise** 500 Euro op de Spuerkont an ech **wéilt** Suen ophiewen.
Beamtin: Ech **bräicht** Är Carte d'identité, fir de Virement ze maachen. Wéi vill Suen **hutt** Dir wëlles opzehiewen?
Här Reding: 1000 Euro. Mäi Fils **kritt** 18 Joer an hie **keeft** sech gären e Moto! Ech hëllefen him, en ze bezuelen.
Beamtin: Dat ass awer gentil! Dir **sidd** e léiwe Papp!
Här Reding: Hie **léint** net gäre Suen, hie **spuert** zanter engem Joer fir säi Moto.
Beamtin: Dee Jong **huet** Chance! Ech **hoffen**, datt hien op säi Moto wäert oppassen.
Här Reding: Hoffentlech!

Traduction
Employée : *Voulez-vous déposer l'argent sur le compte courant ou le compte épargne ?*
Monsieur Reding : *Je vire 500 euros sur le compte épargne et je voudrais retirer de l'argent.*
Employée : *J'aurais besoin de votre carte d'identité pour faire le virement. Combien d'argent avez-vous l'intention de retirer ?*
Monsieur Reding : *1 000 euros. Mon fils va avoir 18 ans et il aimerait se payer une moto ! Je l'aide à la payer.*
Employée : *Ça c'est vraiment gentil ! Vous êtes un gentil papa !*
Monsieur Reding : *Il n'emprunte pas volontiers de l'argent, il économise depuis un an pour sa moto.*
Employée : *Ce garçon a de la chance ! J'espère qu'il prendra soin de sa moto.*
Monsieur Reding : *Espérons-le !*

CHAPITRE 8, p. 73 : Op der Post / À la poste

Exercice n° 1, p. 78
Här Perrin: Bonjour, ech bräicht Timbere fir Lëtzebuerg a fir d'Ausland.
Madamm Leroy: Bonjour, jo, wéi vill braucht Dir?
Här Perrin: Zweemol zéng Stéck, wannechgelift. Ech wéilt och Sue vu mengem Spuerkont op mäi Compte courant setzen.
Madamm Leroy: Jo, kéint ech Är Carte d'identité kréien, wannechgelift? Wéi vill wëllt Dir iwwerweisen?
Här Perrin: 1000 Euro.
Madamm Leroy: Voilà, soss nach eppes?
Här Perrin: Jo, ech wéilt deen heite Bréif fortschécken.
Madamm Leroy: Als Recommandé?
Här Perrin: Nee, einfach esou! Merci!

Traduction
Monsieur Perrin : *Bonjour, j'aurais besoin de timbres pour le Luxembourg et pour l'étranger.*
Madame Leroy : *Bonjour, oui, de combien de timbres avez-vous besoin ?*
Monsieur Perrin : *Deux fois dix unités, s'il vous plaît. Je voudrais aussi virer de l'argent de mon compte épargne sur mon compte courant.*
Madame Leroy : *Oui, pourrais-je avoir votre carte d'identité, s'il vous plaît ? Combien voulez-vous virer ?*

Monsieur Perrin : 1 000 euros.
Madame Leroy : Voilà, autre chose ?
Monsieur Perrin : Oui, je voudrais envoyer la lettre que voici.
Madame Leroy : En recommandé ?
Monsieur Perrin : Non, simplement comme ça. Merci !

Exercice n° 2, p. 79
Client : Gitt mer Sue vu mengem Kont.
→ **Gitt mer wannechgelift Sue vu mengem Kont.**
Donnez-moi de l'argent de mon compte, s'il vous plaît.
Client : 1000€, a séier, ech si presséiert.
→ **Ech bräicht 1000 Euro. Entschëllegt, ech si presséiert.**
J'aurais besoin de 1000 euros. Veuillez m'excuser, je suis pressé.
Client : O, muss ech lo och nach meng Käertche sichen? Hei ass se!
→ **Hei ass meng Käertchen, wann ech glift!**
Voici ma carte, s'il vous plaît !
Client : Jo, sot mer mol mäi Kontosstand.
→ **Kéint Dir mir mäi Kontosstand soen?**
Pourriez-vous m'indiquer l'état de mon compte ?
Client : Wat? Nëmmen? Dir iert Iech bestëmmt.
→ **Sidd Dir sécher? Ech war iwwerzeegt, datt ech méi Suen op mengem Kont hätt.**
En êtes-vous certain ? J'étais convaincu d'avoir plus d'argent sur mon compte.

CHAPITRE 9, p. 81 : Telefonsleitung an Internetuschloss / *Ligne téléphonique et connexion Internet*

Exercice n° 1, p. 86
Receptionnistin: Moien, wéi kann ech Iech hëllefen?
Madamm Faber: Ech bräicht en Internetuschloss, well ech meng E-Maile consultéiere muss. Ech waarden nämlech op eng wichteg Äntwert! Wéi funktionéiert et bei Iech?
Receptionnistin: Wéi ass Är Zëmmernummer?
Madamm Faber: Nr 312.
Receptionnistin: An deem Fall ass de Code AZ-56948.
Madamm Faber: Muss ech dofir eppes bezuelen oder ass et gratis?
Receptionnistin: Nee, et ass net gratis. De Präis ass 5 Euro den Dag.
Madamm Faber: Hutt Dir e Forfait, wann ee méi laang bleift?
Receptionnistin: Jo, wann Dir dräi Deeg bleift, ass et 12 Euro a fir eng Woch ass et 25 Euro.
Madamm Faber: Merci fir dës Informatioun. Ass d'Connexioun séier?
Receptionnistin: Jo, mir hunn e gudde Reseau.

Traduction
Réceptionniste : Bonjour, puis-je vous aider ?
Madame Faber : J'aurais besoin d'une connexion Internet, car je dois consulter mes messages électroniques. J'attends une réponse importante. Comment fonctionne-t-elle chez vous ?
Réceptionniste : Dans quelle chambre êtes-vous ?
Madame Faber : Numéro 312.
Réceptionniste : Dans ce cas, le code est AZ-56948.
Madame Faber : Dois-je payer quelque chose pour cela ou est-ce gratuit ?

CORRIGÉS

Réceptionniste : Non, ce n'est pas gratuit. Le prix est de 5 euros par jour.
Madame Faber : Avez-vous un forfait si on reste plus longtemps ?
Réceptionniste : Oui, si vous restez trois jours, c'est 12 euros et pour une semaine, 25 euros.
Madame Faber : Merci pour cette information. La connexion est-elle rapide ?
Réceptionniste : Oui, nous avons un bon réseau.

Exercice n° 2, p. 87
3. Madamm Dupong: Entschëllegt, mir sinn ënnerbrach ginn. Här Fournier, sidd Dir nach ëmmer do?
6. Här Fournier: Jo, Madamm Dupong, ech sinn nach ëmmer do. Hutt Dir héieren, wat ech als lescht gesot hunn?
5. Madamm Dupong: Jo, Dir hat mir eng Fro gestallt, ob d'Zëmmer, dat Dir fir den nächste Weekend reservéiert hutt, en Internetuschloss huet.
2. Här Fournier: Jo, voilà, genau. Ass et de Fall?
1. Madamm Dupong: Jo, et ass souguer gratis!
4. Här Fournier: Ganz gutt! Bis nächst Woch!

Traduction
Madame Dupong : Veuillez m'excuser, nous avons été coupés. Monsieur Fournier, êtes-vous encore là ?
Monsieur Fournier : Oui, madame Dupong, je suis encore là. Avez-vous entendu ce que j'ai dit en dernier lieu ?
Madame Dupong : Oui, vous m'aviez posé une question, si la chambre que vous avez réservée pour le week-end prochain a une connexion Internet.
Monsieur Fournier : Oui, voilà. Est-ce le cas ?
Madame Dupong : Oui, c'est même gratuit !
Monsieur Fournier : Très bien ! À la semaine prochaine !

CHAPITRE 10, p. 89 : Op der Gesondheetskeess / À la Caisse nationale de santé

Exercice n° 1, p. 95
1-C. E Portefeuille ass en Etui, wou ee Pabeieren a Schäiner dra stieche kann.
(Un portefeuille est un étui où l'on range papiers et billets.)
2-A. En Haus ass eng Plaz, déi ee lount oder keeft fir ze wunnen.
(Une maison est un endroit où habiter, qu'on loue ou achète.)
3-E. Paräis ass eng Haaptstad, déi Millioune vun Touristen all Joer besichen.
(Paris est une capitale que des millions de touristes fréquentent chaque année.)
4-B. E Computer ass eng Maschinn, déi verschidden Informatiounen traitéiert an déi ee benotzt fir am Allgemengen ze kommunizéieren.
(Un ordinateur est une machine qui traite différentes informations et qu'on utilise en général pour communiquer.)
5-D. E Buch ass en Objet, deen aus enger gewëssener Unzuel vu Säite besteet.
(Un livre est un objet qui est constitué d'un certain nombre de pages.)
6-F. Eng Websäit ass en Ensembel vu Säiten, déi duerch eng Web-Adress matenee verbonne sinn.
(Un site Web est un ensemble de pages, qui sont liées entre elles par une adresse Web.)

Exercice n° 2, p. 95
Madamm Martin: Bonjour, d'Éliane Martin um Telefon. Ech ruffen un, **well ech mäi Portefeuille geklaut kritt hunn!**

CORRIGÉS

Polizist: Bonjour, wou ass et geschitt? Hutt Dir eng Iddi vun der Persoun, déi dat gemaach huet?
Madamm Martin: Nee, net wierklech. Ech war an engem Bicherbuttek op der Gare, fir Zäitschrëften ze kafen. Mäin Handy huet geschellt an ech hu meng Posch eng Minutt ouni Iwwerwaachung gelooss.
Polizist: Dat war net virsiichteg, Madamm Martin. **An dunn hutt Dir Äre Portefeuille geklaut kritt?**
Madamm Martin: Jo, ech hunn et gemierkt, wéi ech bezuele wollt.
Polizist: Ech schreiwen elo Är Deklaratioun op, gitt mir elo wannechgelift all Detailer vun deem Déifstall!

Traduction
Madame Martin : Bonjour, Éliane Martin au téléphone, j'appelle parce qu'on m'a volé mon portefeuille !
Policier : Bonjour, où cela s'est-il passé ? Avez-vous une idée de la personne qui a fait cela ?
Madame Martin : Non, pas vraiment. J'étais dans une librairie à la gare, pour acheter des revues. Mon téléphone portable a sonné et j'ai laissé mon sac à main une minute sans surveillance.
Policier : Ce n'est pas prudent, madame Martin. Et là on vous a volé votre portefeuille ?
Madame Martin : Oui, je l'ai remarqué quand j'ai voulu payer.
Policier : Je vais maintenant noter votre déclaration, donnez-moi s'il vous plaît tous les détails de ce vol !

CHAPITRE 11, p. 97 : Sech op der ADEM aschreiwen / *S'inscrire à l'ADEM (Pôle emploi)*

Exercice n° 1, p. 103
Här Wagner: ADEM Lëtzebuerg, Moien!
Madamm Meyer: Moien, Evelyne Meyer um Apparat. Ech wëllt mech op der ADEM aschreiwen. Ech sichen eng Plaz als Sekretärin. Ech hu scho bei verschiddene Patrone geschafft.
Här Wagner: Moien, wéi ass Är Matricule?
Madamm Meyer: 1971010857724
Här Wagner: Wou wunnt Dir?
Madamm Meyer: Zu Diddeleng. Wat fir eng Dokumenter muss ech matbréngen?
Här Wagner: Är Carte d'identité, Är Sécurité-sociales-Käertchen an och e Liewenslaf, mee et ass net obligatoresch fir déi éischt Aschreiwung.
Madamm Meyer: Muss ech an d'Stad goen oder geet dat och iwwert den Internet?
Här Wagner: Nee, Dir musst laanschtkommen.
Madamm Meyer: Kréien ech direkt Chômage?
Här Wagner: Dir kritt fir d'éischt en Termin mat engem Placeur, an da kucke mir weider.
Madamm Meyer: Merci fir dës Informatiounen! Äddi!
Här Wagner: Gär geschitt, schéinen Dag!

Traduction
Monsieur Wagner : ADEM Luxembourg, bonjour !
Madame Meyer : Bonjour, Evelyne Meyer à l'appareil. Je voudrais m'inscrire à l'ADEM. Je suis à la recherche d'un poste de secrétaire. J'ai déjà travaillé chez plusieurs patrons.
Monsieur Wagner : Bonjour, quel est votre matricule ?
Madame Meyer : 1971010857724.

CORRIGÉS

Monsieur Wagner : Où habitez-vous ?
Madmae Meyer : À Dudelange. Quels documents dois-je apporter ?
Monsieur Wagner : Votre carte d'identité, votre carte de sécurité sociale et un curriculum vitae, mais cela n'est pas obligatoire pour une première inscription.
Madame Meyer : Dois-je me rendre en ville ou est-ce aussi possible par internet ?
Monsieur Wagner : Non, vous devez passer.
Madame Meyer : Vais-je toucher immédiatement l'allocation chômage ?
Monsieur Wagner : Vous allez avoir un rendez-vous avec un conseiller de placement, et ensuite nous verrons.
Madame Meyer : Merci pour ces informations. Au revoir !
Monsieur Wagner : De rien, bonne journée !

Exercice n° 2, p. 103
Madamm Schumacher: Huelt lech Plaz, Här Thill. Dir sicht eppes am Beräich vum Tourismus.
Här Thill: Bonjour, Madamm Schumacher, jo genau. Ech hu scho bei zwee Patrone geschafft, an engem Restaurant an dann an engem Reesbüro.
Madamm Schumacher: Wat hutt Dir genau an deem Reesbüro gemaach?
Här Thill: Ech hunn d'Reservatiounen entgéintgeholl, ech hunn d'Flich gebucht an ech war a Kontakt mat verschiddenen Hotellen an Europa.
Madamm Schumacher: Gutt, ech gesinn, datt Dir fir vill Saachen zoustänneg waart. Wéi eng Sprooche schwätzt Dir?
Här Thill: Lëtzebuergesch ass meng Mammesprooch, an derbäi komme Franséisch, Däitsch, Englesch a Spuenesch.
Madame Schumacher: Dir hutt de Profil, fir an den ONT schaffen ze goen.
Här Thill: Ass dat den Office National du Tourisme an der Stad?
Madamm Schumacher: Jo genau, si sichen eng Persoun, fir hir Ekipp ze verstäerken. Eng Madame geet geschwënn an de Congé de maternité a wëll duerno nëmmen hallef Deeg schaffen.
Här Thill: Dat interesséiert mech.
Madamm Schumacher: Ech ruffe beim ONT un a soen, datt ech eng Persoun fonnt hunn. Hei ass d'Adress, schéckt wannechgelift dem Responsabelen, dem Här Simoni, e Liewesslaf an alles, wat nach derbäi gehéiert.

Traduction
Madame Schumacher : Prenez place, Monsieur Thill. Vous recherchez quelque chose dans le domaine du tourisme.
Monsieur Thill : Bonjour, Madame Schumacher, oui tout à fait. J'ai déjà travaillé pour deux patrons, dans un restaurant et dans une agence de voyages.
Madame Schumacher : Que faisiez-vous exactement dans cette agence de voyages ?
Monsieur Thill : Je prenais les réservations, je réservais les vols et j'étais en contact avec différents hôtels en Europe.
Madame Schumacher : Bien, je vois que vous aviez de nombreuses responsabilités. Quelles langues parlez-vous ?
Monsieur Thill : Le luxembourgeois est ma langue maternelle, à cela s'ajoutent le français, l'allemand, l'anglais et l'espagnol.
Madame Schumacher : Vous avez le profil requis pour aller travailler à l'ONT.
Monsieur Thill : Est-ce l'Office national du tourisme, situé à Luxembourg ?

CORRIGÉS

Madame Schumacher : *Oui, tout à fait, ils cherchent une personne pour renforcer leur équipe. Une dame va bientôt partir en congé maternité et ne veut par la suite que travailler à mi-temps.*
Monsieur Thill : *Cela m'intéresse.*
Madame Schumacher : *J'appelle l'ONT et leur dis que j'ai trouvé une personne. Voici l'adresse, envoyez s'il vous plaît au responsable, Monsieur Simoni, un* curriculum vitae *et tous les documents relatifs.*

Exercice n° 3, p. 103
1. Ech muss Mëllech kafen.
2. Wiem solls du telefonéieren?
3. Et muss wouer sinn.
4. Haut de Moie muss du net schaffen.
5. Du solls net léien.

Exercice n° 4, p. 103
1. Wéi eng Bicher hues du léiwer? D'Krimien oder d'Libesromaner?
2. Hei sinn dräi Pulloveren. Wéi ee wëlls du dengem Papp kafen?
3. A wéi engem Land fiert ee lénks?
4. A wat fir engem Hotel hues du d'Nuecht verbruecht?
5. Vu wéi engem Auto schwätz du? Vun deem, deen um Trottoir geparkt ass?

CHAPITRE 12, p. 107 : Op eng Annonce reagéieren / *Réagir à une annonce*

Exercice n° 1, p. 112
3. **Madamm Guerand:** Restaurant „Beim Gisèle", moien!
2. **Här Morales:** Moien, Guy Morales um Telefon, ech ruffe fir d'Annonce als Kach un. Ass déi Plaz nach fräi?
6. **Madamm Guerand:** Moien, Här Morales. Jo, d'Plaz ass nach fräi. Mir sinn nämlech am amgaangen, eng Persoun ze sichen, fir eis Kachekipp ze verstäerken. Hutt Dir Erfarung an der lëtzebuergescher a franséischer Gastronomie? Dat ass genau dat, wat mir an eisem Restaurant ubidden.
7. **Här Morales:** Jo, ech hunn dräi Joer an engem franséische Restaurant geschafft, mee de Besëtzer ass an d'Pensioun gaangen. Ech kennen d'lëtzebuergesch Kichen e bësse manner, mee ech si bereet ze léieren. Ech krut ëmmer gesot, datt ech kreativ sinn an ëmmer bereet ze léieren!
1. **Madamm Guerand:** Dat ass wichteg, well mir eng engagéiert a kreativ Persoun sichen, déi bereet ass ze léieren. Ech schloen Iech Follgendes vir: Dir kommt an de Restaurant, mir probéieren zesumme verschidde Kachrezepter aus, an ech kucken, wat dat gëtt.
4. **Här Morales:** Jo, ech sinn domat averstanen. Wéini kéinte mir eis gesinn?
5. **Madamm Guerand:** Kommt muer de Mëtteg, wann dat fir Iech geet.

Traduction
Madame Guerand : *Restaurant « Chez Gisèle », bonjour !*
Monsieur Morales : *Bonjour, Guy Morales au téléphone, j'appelle pour l'annonce de cuisinier. Le poste est-il encore à pourvoir ?*
Madame Guerand : *Bonjour, Monsieur Morales. Oui, le poste est encore à pourvoir. Nous sommes effectivement à la recherche d'une personne pour renforcer notre équipe. Avez-vous une expérience dans les gastronomies luxembourgeoise et française ? C'est exactement ce que nous proposons dans notre restaurant.*

CORRIGÉS

Monsieur Morales : *J'ai travaillé trois ans dans un restaurant français, mais le propriétaire a pris sa retraite. Je connais un peu moins la cuisine luxembourgeoise, mais je suis prêt à apprendre. On m'a toujours dit que j'étais créatif et disposé à apprendre.*
Madame Guerand : *C'est important parce que nous cherchons une personne impliquée, créative et disposée à apprendre. Je vous propose la chose suivante : vous venez demain au restaurant, nous essayons différentes recettes ensemble, et je vois ce que cela donne.*
Monsieur Morales : *Oui, cela me convient. Quand pourrions-nous nous voir ?*
Madame Guerand : *Venez demain après-midi, si cela vous convient.*

Exercice n° 2, p. 113
Här Ballestrat: Bonjour, ech **ruffen u** wéinst der Annonce als Camionschauffer. Ech fuere scho Camionen zënter fofzéng Joer, mee mäi Betrib huet grad seng Dieren zougemaach.
Employeur: Dir hutt scho vill Erfarung, dat ass eng positiv Saach! Wéi eng Sproochen **schwätzt** Dir?
Här Ballestrat: Ech **beherrsche** Lëtzebuergesch, Franséisch a Spuenesch.
Employeur: Hutt Dir e **Liewenslaf** an e Motivatiounsbréif?
Här Ballestrat: Jo, dat hunn ech! Ech **schécken** Iech se. Wéini kréien ech eng Äntwert?
Employeur: Ech liesen Är Dokumenter a **melle** mech geschwë bei Iech.

Traduction
Monsieur Ballestrat : *Bonjour, j'appelle pour l'annonce de chauffeur poids lourd. Je conduis des poids lourds depuis quinze ans, mais mon entreprise vient de fermer ses portes.*
Employeur : *Vous avez déjà beaucoup d'expérience, c'est une chose positive ! Quelles langues parlez-vous ?*
Monsieur Ballestrat : *Je maîtrise le luxembourgeois, le français et l'espagnol.*
Employeur : *Avez-vous un curriculum vitae et une lettre de motivation ?*
Monsieur Ballestrat : *Oui, je vous les envoie ! Quand vais-je recevoir une réponse ?*
Employeur : *Je vais lire vos documents et me manifesterai bientôt auprès de vous.*

CHAPITRE 13, p. 115 : Um Telefon / Au téléphone

Exercice n° 1, p. 121
Julie Dubois: Bonjour, Julie Dubois um Apparat, kéint ech mam Här Müller schwätzen?
Sekretär: Hien ass leider am Moment net ze erreechen, hien ass an enger Reunioun.
Julie Dubois: A sou, wéini wier hien erreechbar?
Sekretär: Ee Moment, ech kucken an sengem Agenda, well hien an der leschter Zäit **vill beschäftegt ass. Hien huet vill ze dinn.**
Julie Dubois: Ech verstinn, dat kënnt heiansdo vir. Kann ech him **e Message hannerloossen?**
Sekretär: Selbstverständlech! Waart eng Sekonn, ech huele mir e Bic! Also, wéi ass den Numm scho méi?
Julie Dubois: Julie Dubois, sot dem Här Müller, datt **ech wéinst mengem Kontrakt ugeruff hunn.**
Sekretär: Maachen ech, hie **rifft** Iech **zeréck**, esoubal seng Reunioun eriwwer ass!
Julie Dubois: Merci fir Är Hëllef! Äddi!

Traduction
Julie Dubois : *Bonjour, Julie Dubois à l'appareil, pourrais-je parler à Monsieur Müller ?*
Secrétaire : *Il n'est malheureusement pas joignable pour le moment, il est en réunion.*
Julie Dubois : *Ah d'accord, quand sera-t-il joignable ?*

CORRIGÉS

Secrétaire : Un moment, je regarde dans son agenda parce qu'il est très occupé ces derniers temps. Il a beaucoup de choses à faire.
Julie Dubois : Je comprends, cela arrive parfois. Puis-je lui laisser un message ?
Secrétaire : Bien entendu ! Attendez une seconde, je prends un stylo ! Rappelez-moi votre nom ?
Julie Dubois : Julie Dubois, dites à Monsieur Müller que j'ai appelé en ce qui concerne mon contrat.
Secrétaire : Je le ferai, il vous rappellera dès que sa réunion sera terminée !
Julie Dubois : Merci de votre aide ! Au revoir !

Exercice n° 2, p. 121
Situation de communication n° 1
Receptionnistin: Théâtre de la Manufacture, moien!
Här Lorang: Moien, Pierre Lorang um Telefon, ech wëilt véier Plaze fir d'Theaterstéck vun der nächster Woch reservéieren, „L'Avare" vum Molière.
Receptionnistin: Jo, ech kucken um Computer, wat nach fräi ass. Wëllt Dir éischter vir oder méi hanne sëtzen?
Här Lorang: Éischter vir, wann nach Plazen do sinn. Meng Mamm ass eng eeler Dame a si gesäit net méi ganz gutt.
Receptionnistin: Ech verstinn, ech hunn nach Plazen an der drëtter Rei.
Här Lorang: Dat ass perfekt. Wéi kann ech bezuelen?
Receptionnistin: Dir kënnt e Virement vun 80 Euro op eise Kont maachen oder laanschtkommen. Esou kritt Dir d'Billjeeën direkt.
Här Lorang: An der Rei, ech kommen haut de Mëtteg!

Traduction
Réceptionniste : Théâtre de la Manufacture, bonjour !
Monsieur Lorang : Bonjour, Pierre Lorang au téléphone, je voudrais réserver quatre places pour la pièce de la semaine prochaine, L'Avare de Molière.
Réceptionniste : Oui, je vais voir dans l'ordinateur ce qui est encore libre. Voulez-vous être assis plutôt devant ou derrière ?
Monsieur Lorang : Plutôt devant, s'il reste des places. Ma mère est une vieille dame et elle ne voit plus très bien.
Réceptionniste : Je comprends. J'ai encore des places au troisième rang.
Monsieur Lorang : C'est parfait. Comment puis-je vous payer ?
Réceptionniste : Vous pouvez faire un virement de 80 euros sur notre compte, ou passer au théâtre. Vous recevrez ainsi immédiatement les billets.
Monsieur Lorang : Très bien, je viendrai cet après-midi !

CHAPITRE 14, p. 123 : En Astellungsgespréich / Un entretien d'embauche

Exercice, p. 129
1. Ech sichen eng nei Aarbecht, **well** meng al Aarbecht mir net méi **gefält**.
2. Ech hoffen, **dass** déi nei Aarbecht interessant **ass**.
3. Ech interesséiere mech fir déi Plaz, **well** si en internationalen Aspekt **huet**.
4. Ech sinn der Meenung, **dass** een heiansdo eppes Aneres **muss** maachen.
5. Ech si ganz zefridden, **well** meng Aarbecht immens interessant **ass**.
6. De Paul liest d'Annoncen an der Zeitung, **well** hien eng nei Plaz **sicht**.
7. Hie fënnt, **dass** hie seng Sproochkompetenze méi **soll** gebrauchen.
8. Hie mengt, **dass** hie Carrière bei der neier Firma **ka** maachen.

CORRIGÉS

9. D'Firma engagéiert hien, **well** hien en interessante CV **huet**.
10. De Paul ass frou, **well/dass** hien eng nei Aarbecht fonnt **huet**.

Traduction
1. Je cherche un nouveau travail, parce que mon ancien travail ne me plaît plus.
2. J'espère que le nouveau travail sera intéressant.
3. Je m'intéresse à ce poste, parce qu'il a un aspect international.
4. Je suis d'avis qu'il faut faire autre chose de temps en temps.
5. Je suis très satisfaite, parce que mon travail est très intéressant.
6. Paul lit les annonces dans le journal, parce qu'il cherche un nouvel emploi.
7. Il trouve qu'il devrait utiliser davantage ses connaissances linguistiques.
8. Il pense qu'il pourra faire carrière dans la nouvelle société.
9. La société l'engage, parce qu'il a un C.V. intéressant.
10. Paul est content d'avoir trouvé / parce qu'il a trouvé un nouveau travail.

CHAPITRE 15, p. 131 : Eng Reunioun preparéieren an organiséieren / *Préparer et organiser une réunion*

Exercice n° 1, p. 137
2. – So, Robert, hues du mäi Prabbeli gesinn? Ech fannen en net méi ërem.
6. – **Nee**, du hues e **bestëmmt** iergendwou leie gelooss.
1. – **Jo**, mee wou?
4. – Dat ass eng gutt Fro! **Sécher** an engem Geschäft!
5. – Ech hoffen net, dat wier schued, ech hunn en eréischt viru Kuerzem kaaft.
3. – **Kloer**, dat wier schued. Komm, ech hëllefen dir, zu zwee wäerte mir dee Prabbeli **jo** fannen!

Traduction
– Dis, Robert, as-tu vu mon parapluie ? Je ne le retrouve plus.
– Non, tu l'as certainement laissé quelque part.
– Oui, mais où ?
– Ça, c'est une bonne question ! Certainement dans un magasin !
– J'espère que non, ce serait dommage, je l'ai acheté récemment.
– Certes, ce serait dommage. Viens, je vais t'aider, à deux, nous allons bien trouver ce parapluie !

Exercice n° 2, p. 137
Madamm Brito: Patricia, hutt Dir Zäit? Mir mussen déi nächst Versammlung mat den Delegéierte vum Personal virbereeden.
Patricia Müller: Jo, natierlech, ech bréngen den Agenda mat, fir en Datum festzeleeën. Loosst mech kucken: Den 3. Abrëll wier méiglech, well d'Reunioun mat der Bank verluecht ginn ass.
Madamm Brito: Den 3. Abrëll, dat géif goen, an um wéi vill Auer géif dës Versammlung stattfannen?
Patricia Müller: Ëm 16 Auer.
Madamm Brito: Hmm, dat geet leider net, wier et net och moies méiglech?
Patricia Müller: Dach, ëm 9 Auer 30.
Madamm Brito: An der Rei. Reservéiert wannechgelift de Konferenzraum, bestellt Gedrénks a vergiesst net, deene concernéierte Leit Bescheed ze soen.
Patricia Müller: Ech hu mir alles opgeschriwwen, ech bereeden och den Dossier vir. Ech halen Iech um Lafenden.

CORRIGÉS

Traduction
Madame Brito : *Patricia, avez-vous le temps ? Nous devons préparer la prochaine réunion avec les délégués du personnel.*
Patricia Müller : *Oui, naturellement, je prends mon agenda pour fixer une date. Laissez-moi regarder : le 3 avril, cela serait possible, parce que la réunion avec la banque a été reportée.*
Madame Brito : *Le 3 avril, cela pourrait aller, et à quelle heure cette réunion aurait-elle lieu ?*
Patricia Müller : *À 16 heures.*
Madame Brito : *Hmmm, cela ne convient pas malheureusement, ne serait-ce pas possible le matin ?*
Patricia Müller : *Si, à 9 h 30.*
Madame Brito : *D'accord. Réservez la salle de conférences s'il vous plaît, commandez des boissons et n'oubliez pas de prévenir les personnes concernées.*
Patricia Müller : *J'ai tout noté, je préparerai aussi le dossier. Je vous tiendrai au courant.*

Exercice n° 3, p. 137
Jeanne Dubois: Lucien, wéini soll d'Versammlung mat eisen Aarbechtkolleege sinn?
Lucien Reuland: Den **28. November** ëm **15 Auer**.
Jeanne Dubois: Et ass wouer, mir hu jo d'Reunioun mat den Delegéierte vum Personal verluecht.
Lucien Reuland: Effektiv, well **en Deel vun de Kolleegen am Congé ass**.
Jeanne Dubois: Jo, ech hat dat komplett vergiess! Hutt Dir schonn **den Dossier** virbereet?
Lucien Reuland: Deelweis, jo, ech muss nach **e puer Detailer kontrolléieren an d'Powerpointpräsentatioun** maachen, an ech wollt dat Ganzt nach eng Kéier mat Iech nokucken.
Jeanne Dubois: Awer net elo direkt, well ech muss nach **déi nächst Reunioun** plangen.
Lucien Reuland: A jo, déi nächst Reunioun, déi musse mir nach organiséieren. Ech fänken direkt un an ech schécken Iech d'Dokumenter.
Jeanne Dubois: Kéint Dir dat maachen a mech wannechgelift um Lafenden halen?

Traduction
Jeanne Dubois : *Lucien, quand la réunion avec nos collègues de travail doit-elle avoir lieu ?*
Lucien Reuland : *Le 28 novembre à 15 heures.*
Jeanne Dubois : *C'est vrai, nous avons donc reporté la réunion avec les délégués du personnel.*
Lucien Reuland : *Effectivement, parce qu'une partie des collègues étaient en congé.*
Jeanne Dubois *: Oui, je l'avais complètement oublié ! Avez-vous déjà préparé le dossier ?*
Lucien Reuland : *En partie, oui, je dois encore vérifier quelques détails et faire la présentation Power Point, et je voulais vérifier le tout encore une fois avec vous.*
Jeanne Dubois : *Mais pas dans l'immédiat, parce que je dois encore planifier la prochaine réunion.*
Lucien Reuland : *Ah oui, la prochaine réunion, nous devons encore l'organiser. Je commence tout de suite et je vous envoie les documents.*
Jeanne Dubois : *Pouvez-vous vous en charger et me tenir au courant, s'il vous plaît ?*

CHAPITRE 16, p. 139 : Instruktioune ginn / *Donner des ordres ou des instructions*

Exercice, p. 145
1. Kéint Dir de Rapport vun der leschter Reunioun nokucken?
2. Géift Dir mir eng Copie vum Rapport matbréngen?

CORRIGÉS

3. Kéint Dir de Bréif fir d'Firma Luxlong opsetzen?
4. Géift Dir d'Dier hannert Iech zoumaachen?
5. Géift Dir Iech d'Dokumenter a Rou ukucken?

Traduction des phrases de l'énoncé
1. Vérifiez le rapport de la dernière réunion.
2. Apportez-moi une copie du rapport.
3. Rédigez la lettre pour la société Luxlong.
4. Fermez la porte derrière vous.
5. Regardez les documents tranquillement.

CHAPITRE 17, p. 147 : D'Aarbechtskolleege kenneléieren / *Apprendre à connaître ses collègues de travail*

Exercice n° 1, p. 153
Madamm Wohlfarth: Moie Marc, bass du scho laang hei?
Här Klein: Neen, **zënter fënnef Minutten**. Ech hu grad e Kaffi gemaach. Wëlls du och en?
Madamm Wohlfarth: Jo, merci, awer en Expresso, well ech **keng Zäit hunn**.
Här Klein: Bonjour, sidd Dir net déi nei Persoun vun der Comptabilitéit? Hutt Dir gutt ugefaangen?
Joffer Polifka: Moien, jo, **dat sinn ech**. Ech **hu gutt ugefaangen**: D'Leit si fein an d'Aarbecht ass interessant. Ech kennen nach net vill Leit, et ass e bësse schued.
Här Klein: Wéini hutt Dir ugefaangen?
Joffer Polifka: Virun **engem Mount**. Ech sinn och eréischt virun **zwee Méint** op Lëtzebuerg geplënnert.
Madamm Wohlfarth: A vu wou kommt Dir, ouni indiskret ze sinn?
Joffer Polifka: Ech komme vu **Stroossbuerg**.
Madamm Wohlfarth: Do ware mir schonn an der Vakanz, 't ass eng ganz schéi Stad, wou mir ganz gutt giess hunn.
Här Klein: À propos iessen, kéinte mir haut net zu dräi „Beim Franco" iesse goen? D'Pizzae sinn immens gutt!
Joffer Polifka: Dat ass eng ganz gutt Iddi! An esou kéinte mir eis besser kennenléieren!

Traduction
Madame Wohlfarth : *Bonjour Marc, es-tu là depuis longtemps ?*
Monsieur Klein : *Non, depuis cinq minutes. Je viens de faire un café. Est-ce que tu en veux un ?*
Madame Wohlfarth : *Oui, merci, mais un expresso parce que je n'ai pas le temps.*
Monsieur Klein : *Bonjour, êtes-vous la nouvelle personne de la comptabilité ? Avez-vous bien commencé ?*
Mademoiselle Polifka : *Bonjour, oui, c'est moi. J'ai bien commencé : les gens sont gentils et le travail intéressant. Je ne connais pas beaucoup de gens, c'est un peu dommage.*
Monsieur Klein : *Quand avez-vous commencé ?*
Mademoiselle Polifka : *Il y a un mois. Il n'y a que deux mois que j'ai emménagé au Luxembourg.*
Madame Wohlfarth : *Et d'où venez-vous, sans être indiscrète ?*
Mademoiselle Polifka : *Je viens de Strasbourg.*
Madame Wohlfarth : *Nous y avons déjà été en vacances, c'est une très belle ville où l'on mange bien.*

CORRIGÉS

Monsieur Klein : À propos de repas, ne pourrions-nous pas aller manger aujourd'hui « Beim Franco » ? Les pizzas sont délicieuses.
Mademoiselle Polifka : C'est une très bonne idée. Et comme ça nous pourrions mieux faire connaissance.

Exercice n° 2, p. 153
André Becker: Bonjour, ech sinn den André Becker. Ech hu grad bei de Ressources humaines ugefaangen!
Gisèle Ensch: Bonjour, Gisèle Ensch, vun der Receptioun, enchantéiert!
André Becker: Enchantéiert, Iech kennenzeléieren! Schafft Dir scho laang hei?
Gisèle Ensch: Jo, zënter zwanzeg Joer, dat ass schonn eng laang Zäit!
André Becker: Jo effektiv, a kennt Dir jiddwereen an der Firma?
Gisèle Ensch: Neen, net jiddwereen, mee e gudden Deel!
André Becker: Kommt Dir dacks an dee Restaurant? Wou kann ee soss an der Géigend gutt iessen?
Gisèle Ensch: Jo, relativ oft, haaptsächlech mat Aarbechtskolleegen, selte mat menger Famill. Dir hutt de Choix, dat hänkt dovunner of, wat Dir am léifsten iesst.
André Becker: Dir hutt Recht, ech wäert mech renseignéieren. Ech wollt nach nofroen: Fir an de Fitness kënnen ze goen, soll ee bei Iech de Schlëssel ofhuelen?
Gisèle Ensch: Jo, genau. Dir ënnerschreift den Ziedel an da kënnt Dir en ofhuelen.
André Becker: Gutt, a gitt Dir och an de Fitness?
Gisèle Ensch: Neen, ech gi léiwer schwammen, an der Mëttespaus.

Traduction
André Becker : Bonjour, je suis André Becker. Je viens de commencer aux Ressources humaines !
Gisèle Ensch : Bonjour, Gisèle Ensch, de la réception, enchantée !
André Becker : Enchanté de faire votre connaissance. Travaillez-vous ici depuis longtemps ?
Gisèle Ensch : Oui, depuis vingt ans, cela fait déjà longtemps !
André Becker : Oui, en effet, et connaissez-vous tout le monde dans l'entreprise ?
Gisèle Ensch : Non, pas tout le monde, mais une bonne partie !
André Becker : Venez-vous souvent dans ce restaurant ? Où peut-on bien manger dans la région ?
Gisèle Ensch : Oui, assez souvent, principalement avec des collègues de travail, rarement avec ma famille. Vous avez le choix, cela dépend de ce que vous préférez manger.
André Becker : Vous avez raison, je vais me renseigner. Je voulais encore vous demander : pour aller au fitness, doit-on retirer la clé chez vous ?
Gisèle Ensch : Oui, tout à fait. Vous signez la feuille et vous pouvez la retirer.
André Becker : Bien, allez-vous aussi au fitness ?
Gisèle Ensch : Non, je préfère nager, pendant la pause de midi.

CHAPITRE 18, p. 155 : E Client empfänken / *Accueillir un client*

Exercice n° 1, p. 160
1. Ech mengen, datt d'Versammlung annuléiert ginn ass.
2. *Qu'elle ait menti est maintenant prouvé.*
3. *Je suis enchanté d'avoir fait votre connaissance.*
4. *J'aimerais que tu fasses cela.*
5. Ech si frou, datt s du mat mir an de Kino gees.

CORRIGÉS

Exercice n° 2, p. 161
1. *Je me demande si elle sera là dimanche.*
2. *Il aimerait savoir si les magasins seront ouverts dimanche prochain, parce qu'il aurait besoin d'un manteau.*
3. *Paul ne sait pas si sa décision est la bonne.*
4. *Il se demande s'il a bien fermé la porte.*
5. *Elle ne sait pas si elle mettrait cette robe, parce qu'elle est transparente.*

Exercice n° 3, p. 161
Madammm Rinciog: Ech weess net, ob dat stëmmt, mee ech hunn héieren, datt haut den Owend e Concert ass. **Zënter datt ech hei schaffen,** ass et déi éischt Kéier!
Beamten: Jo, effektiv, haut den Owend spillt en Orchester aus Schottland am Zentrum. Et schéngt wierklech interessant ze sinn!
Madammm Rinciog: Obschonns mir zu véier sinn, probéieren ech mäi Gléck! Hutt Dir nach véier Plazen, wannechgelift?
Beamten: Ee Momentchen, ech kucken um Computer no. Jo, Dir hutt Chance, well et sinn déi véier leschst! Haut de Moien hunn ech eng Annulatioun kritt, well d'Persoun krank war.
Madammm Rinciog: Wann ee krank ass, ass et natierlech net express. Ech sinn awer frou! **Wann Dir näischt dergéint hutt,** reservéieren ech déi véier Plazen! **Wéi ech méi jonk war,** wollt ech oft e Concert vu schottescher Musek lauschteren.
Beamten: Kee Problem, d'Reservatioun ass gemaach. Elo hutt Dir eng gutt Geleeënheet! Vill Spaass!

Traduction
Madame Rinciog : *Je ne sais pas si c'est correct, mais j'ai entendu qu'il y avait ce soir un concert. Depuis que je travaille ici, c'est la première fois !*
Employé : *Oui, en effet, ce soir un orchestre d'Écosse joue dans le centre-ville. Cela a l'air d'être intéressant.*
Madame Rinciog : *Bien que nous soyons quatre, je tente ma chance. Avez-vous encore quatre places, s'il vous plaît ?*
Employé : *Un instant, je vérifie avec l'ordinateur. Oui, vous avez de la chance car ce sont les quatre dernières. Ce matin j'ai eu une annulation parce que la personne était malade.*
Madame Rinciog : *Quand on est malade, ce n'est naturellement pas exprès. Je suis malgré tout contente ! Si vous n'y voyez pas d'inconvénient, je vais réserver ces quatre places ! Quand j'étais plus jeune, j'ai souvent voulu écouter un concert de musique écossaise.*
Employé : *Pas de problème, la réservation est faite. Maintenant vous avez une bonne occasion ! Amusez-vous bien !*

CHAPITRE 19, p. 163 : Op eng Reklamatioun reagéieren / *Réagir à une réclamation*

Exercice n° 1, p. 168
1. *Termine ton travail !*
2. *Donnez-moi deux saucisses et cinq cents grammes de viande hachée, s'il vous plaît !*
3. *Disons qu'une erreur est toujours possible !*
4. *N'interprétez pas mal ce que je dis !*
5. *Sois heureux que tes parents t'aient aidé !*

Exercice n° 2, p. 168
1. *Elle crie de joie.*
2. *Molière a souffert de la tuberculose.*

CORRIGÉS

3. Il est resté à la maison à cause de sa toux.
4. Elle a fait une allergie à cause du lait.
5. Il a échoué à cause du français.

Exercice n° 3, p. 169

Här Giovagnoli: Sport Fit, bonjour, Jérome Giovagnoli um Apparat. Wéi **kann ech Iech hëllefen**?
Madamm Sandt: Centre Oasis, Bonjour, Patricia Sandt um Apparat. Ech ruffen u wéinst der Bestellung vum 2. Juni, wat d'Gedrénks ugeet.
Här Giovagnoli: Kéint Dir mir Är **Clientsnummer ginn**?
Madamm Sandt: Jo, meng Clientsnummer ass **CO592-XP-59**.
Här Giovagnoli: Merci, ech kucken an Ärem Dossier no.
Madamm Sandt: Mir hate véier Këschten Orangëjus an honnert Fläsche Mineralwasser bestallt.
Här Giovagnoli: Effektiv, Dir hat **dat den 1. Juni** bestallt an d'Liwwerung war fir de 4. Juni virgesinn.
Madamm Sandt: Jo, an haut si mir schonn den **8. Juni**!
Här Giovagnoli: Gedëllegt Iech e Momentchen, ech **kucken, firwat Dir e Problem mat där Liwwerung hutt**.
(Pause) Eng Camionnette hat eng Pann, dofir konnte mir net alles ausliwweren.
Madamm Sandt: Et ass awer dréngend. Wéini **kommt Dir**?
Här Giovagnoli: Muer de Moien, an entschëllegt **d'Verspéidung**!
Madamm Sandt: OK, ech hoffen, datt **et net méi virkënnt, well lo si mir an enger onkamouter Situatioun**.
Här Giovagnoli: Nee, et kënnt net méi vir!
Madamm Sandt: Äddi, schéinen Dag a **bis muer**!
Här Giovagnoli: Ech wënschen Iech och e schéinen Dag.

Traduction

Monsieur Giovagnoli : Sport Fit, bonjour, Jérome Giovagnoli à l'appareil. En quoi puis-je vous aider ?
Madame Sandt : Centre Oasis, bonjour, Patricia Sandt à l'appareil. J'appelle pour une commande de boissons en date du 2 juin.
Monsieur Giovagnoli : Pourriez-vous me donner votre numéro de client ?
Madame Sandt : Oui, mon numéro de client est CO592-XP-59.
Monsieur Giovagnoli : Merci, je vérifie dans votre dossier.
Madame Sandt : Nous avions commandé quatre caisses de jus d'orange et cent bouteilles d'eau minérale.
Monsieur Giovagnoli : En effet, vous aviez commandé cela le 1er juin et la livraison était prévue pour le 4 juin.
Madame Sandt : Oui, et aujourd'hui, nous sommes le 8 juin !
Monsieur Giovagnoli : Veuillez patienter un instant, je vais voir pourquoi vous avez eu un problème avec cette livraison.
(Pause) Une camionnette était en panne, c'est pourquoi nous n'avons pas pu faire toutes les livraisons.
Madame Sandt : C'est pourtant urgent ! Quand viendrez-vous ?
Monsieur Giovagnoli : Demain matin, veuillez nous excuser pour le retard !
Madame Sandt : O.K., j'espère que cela ne se reproduira plus car nous sommes dans l'embarras.
Monsieur Giovagnoli : Non, cela ne se reproduira plus !
Madame Sandt : Au revoir, bonne journée et à demain !
Monsieur Givagnoli : Je vous souhaite aussi une bonne journée.

CORRIGÉS

CHAPITRE 20, p. 171 : E Geschäftsiessen / *Un déjeuner d'affaires*

Exercice n° 1, p. 177
1. Ech schwätze véier Sproochen, mee Chineeseschkenntnesser feele **mir** nach.
2. Kenns du d'Mme Gardella?–Nee, ech sinn **hir** nach net begéint.
3. Kann ech **Iech** hëllefen?
4. Jo, kënnt Dir **eis** weisen, wéi dat funktionéiert?
5. Meng Kolleegen hunn haut vill Aarbecht, mee dat schuet **hinnen** net.

Traduction
1. Je parle quatre langues, mais il me manque encore des connaissances en chinois.
2. Connais-tu madame Gardella ?– Non, je ne l'ai pas encore rencontrée.
3. Puis-je vous aider ?
4. Oui, pouvez-vous nous montrer comment ça fonctionne ?
5. Mes collègues ont beaucoup de travail, mais cela ne leur nuit pas.

Exercice n° 2, p. 177
1. De Client, **dee** mir haut gesinn, kënnt aus China.
2. D'Kolleegin, mat **där** Dir e Kaffi gedronk hutt, schafft scho laang hei.
3. Déi Aarbecht, **déi** ech elo maachen, gefält mir immens gutt.
4. Wou wunnt den Här, **deem** Dir mech virgestallt hutt?
5. Ass dat d'Resultat, **dat** Dir Iech erwaart hat?

Traduction
1. Le client que nous avons vu aujourd'hui vient de Chine.
2. La collègue avec qui vous avez pris un café travaille ici depuis longtemps.
3. Le travail que je fais maintenant me plaît beaucoup.
4. Où habite le monsieur à qui vous m'avez présenté ?
5. Est-ce le résultat que vous attendiez ?

CHAPITRE 21, p. 181 : Nom Wee froen / *Demander son chemin*

Exercice n° 1, p. 187
Kënnt Dir mir soen, …
… wou ech hei eng Tankstell fannen?
… wéi wäit et vun hei bis op Metz ass?
… wou hei e Supermarché ass?
… wéi ech vun hei op d'Gare kommen?
… wou de Bus fir op d'Gare fiert?

Traduction
Pouvez-vous me dire …
… où je peux trouver une station-service ici ?
… quelle est la distance d'ici jusqu'à Metz ?
… où je peux trouver un supermarché ici ?
… comment aller d'ici à la gare ?
… où est le bus pour aller à la gare ?

Exercice n° 2, p. 187
De Supermarché ass déi **zweet** Strooss riets.
D'Bibliothéik ass dat **véiert** Gebai lénks.
Den Dokter ass um **drëtte** Stack riets.
Main Haus ass dat **néngt** an der Rei.
Gitt bis bei déi **éischt** Kräizung, do ass de Bancomat.

Traduction
Le supermarché se trouve dans la deuxième rue à droite.

CORRIGÉS

La bibliothèque est le quatrième bâtiment à gauche.
Le médecin est au troisième étage à droite.
Ma maison est la neuvième dans la rangée.
Allez jusqu'au premier carrefour, le distributeur de billets est là.

CHAPITRE 22, p. 189 : E Snack kafen / *Acheter un snack*

Exercice n° 1, p. 194
1. Je voudrais une pizza au jambon avec un verre de vin rouge, s'il vous plaît !
2. Il n'aime pas les imprévus.
3. Charles aime Germaine depuis 30 ans.
4. Je t'/vous en prie !
5. Nous voudrions que tu nous aides à déménager.

Exercice n° 2, p. 194
1. Ai-je le droit d'acheter un livre avec mon argent ?
2. Il y a de fortes chances pour qu'il vienne demain.
3. Maintenant, nous avons le droit d'utiliser le téléphone portable.
4. Ici, on n'a pas le droit de fumer.
5. Puis-je vous demander le vin ?

Exercice n° 3, p. 195
Verkeefer: Moien, fir wat wier et?
Madamm Kaufmann: Moien, ech hätt gär **e Sandwich mat Ham a Kéis.**
Verkeefer: Leider hu mir keng méi. Mir hunn awer nach Bréiderchter: sidd Dir interesséiert?
Madamm Kaufmann: Jo, gitt mir wannech**gelift zwee Stéck!**
Verkeefer: Soss nach eppes?
Madamm Kaufmann: Jo, **eng Schockelasrull.**
Verkeefer: A fir ze drénken?
Madamm Kaufmann: Eng **Cola light.**
Verkeefer: Mir hunn eng speziell Offer. Haut kritt Dir den Dessert fir näischt, wann Dir déi dräi Saachen huelt!
Madamm Kaufmann: Merci, dat ass léif!
Verkeefer: Et ass **gär** geschitt!
Madamm Kaufmann: Äddi, schéinen Dag!
Verkeefer: Merci! **Gläichfalls**!

Traduction
Vendeur : *Bonjour, que désirez-vous ?*
Madame Kaufmann : *Bonjour, je voudrais un sandwich avec du jambon et du fromage.*
Vendeur : *Nous n'en avons malheureusement plus. Puis-je vous recommander des petits pains ?*
Madame Kaufmann : *Oui, donnez-m'en deux, s'il vous plaît !*
Vendeur : *Désirez-vous autre chose ?*
Madame Kaufmann : *Oui, un petit pain au chocolat.*
Vendeur : *Et comme boisson ?*
Madame Kaufmann : *Un Coca light.*
Vendeur : *Nous avons une offre spéciale. Aujourd'hui, le dessert est gratuit si vous prenez ces trois choses.*
Madame Kaufmann : *Merci, c'est gentil !*

CORRIGÉS

Vendeur : Il n'y a pas de quoi.
Madame Kaufmann : Merci, bonne journée !
Vendeur : Merci, vous aussi !

Exercice n° 4, p. 195

Här Pauly: Bonjour, ech komme fir mech a meng Aarbechtskolleegen! Ech hunn eng grouss Commande, well mir sinn zimmlech hongereg.
Bäcker: Ech lauschteren Iech no, wat hätt Dir da gär?
Här Pauly: Also, dräimol e Sandwich mat Ham an Zalot, zweemol e Sandwich mat Thon an eemol mat Poulet a Mayonnaise.
Bäcker: A fir ze drénken?
Här Pauly: Do hu si och verschidde Saache bestallt! Zwou Cola light, zwee Spruddelwasser, en Orangëjus an e Béier.
Bäcker: Voilà, dat mécht 40 Euro wannechgelift.
Här Pauly: Ech hunn nëmmen e Schäin vun 100 Euro.
Bäcker: Dat mécht näischt, ech war elo grad op d'Bank!
Här Pauly: Merci! Schéinen Dag!

Traduction

Monsieur Pauly : Bonjour, je viens pour mes collègues de travail et pour moi ! J'ai une grande commande parce que nous avons très faim.
Boulanger : Je vous écoute, de quoi avez-vous besoin exactement ?
Monsieur Pauly : Alors, trois sandwichs avec du jambon et de la salade, deux sandwichs avec du thon et un avec du poulet et de la mayonnaise.
Boulanger : Et comme boissons ?
Monsieur Pauly : Pour les boissons, ils ont aussi commandé différentes choses ! Deux cocas light, deux bouteilles d'eau pétillante, un jus d'orange et une bière.
Boulanger : Voilà, cela fait 40 euros s'il vous plaît.
Monsieur Pauly : J'ai seulement un billet de 100 euros.
Boulanger : Cela ne fait rien, je viens d'aller à la banque !
Monsieur Pauly : Merci, bonne journée !

CHAPITRE 23, p. 197 : Op der Gare / À la gare

Exercice n° 1, p. 203

Här Quentin: E Billjee fir op Miersch, wannechgelift!
Beamtin: En **Aller-Retour** oder en einfache Billjee?
Här Quentin: En **Aller-Retour**. Wéi vill kascht et?
Beamtin: Véier Euro, wannechgelift. Kritt Dir eng **Reduktioun**?
Här Quentin: Neen, ech hu keng. Um wéi vill Auer **fiert** den nächsten Zuch?
Beamtin: Um 15 Auer 30.
Här Quentin: Wéi laang dauert den **Trajet**?
Beamtin: Zwanzeg Minutten. An et ass de **Quai** Nummer 7. Vergiesst och net, Äre Billjee ze **entwäerten!**

Traduction

Monsieur Quentin : Un billet pour Mersch, s'il vous plaît !
Employée : Un aller-retour ou seulement un aller ?
Monsieur Quentin : Un aller-retour. Combien coûte-t-il ?

CORRIGÉS

Employée : Quatre euros, s'il vous plaît. Avez-vous une réduction ?
Monsieur Quentin : Non, je n'en ai pas. À quelle heure part le prochain train ?
Employée : À 15 h 30.
Monsieur Quentin : Combien de temps dure le trajet ?
Employée : Vingt minutes. Et c'est sur le quai numéro 7. N'oubliez pas de composter votre billet !

Exercice n° 2, p. 203
Beamtin: Moien, wéi kann ech Iech hëllefen?
Här Thomas: Moien, ech muss op Esch goen. Wéini fiert den nächsten Zuch?
Beamtin: Hutt Dir Zäit oder sidd Dir presséiert?
Här Thomas: Éischter presséiert. Ech hunn e wichtegen Termin an enger Stonn.
Beamtin: Dir hutt en Zuch an zéng Minutten, ëm 13 Auer 50. Et ass en direkten Zuch.
Här Thomas: Wéi laang dauert den Trajet?
Beamtin: 23 Minutten, Dir kommt ëm 14 Auer 13 un.
Här Thomas: Perfekt, gitt mir e Billjee, wannechgelift!

Traduction
Employée : Bonjour, en quoi puis-je vous aider ?
Monsieur Thomas : Bonjour, je dois aller à Esch. Quand part le prochain train ?
Employée : Avez-vous le temps ou êtes-vous plutôt pressé ?
Monsieur Thomas : Plutôt pressé. J'ai un rendez-vous important dans une heure.
Employée : Vous avez un train dans 10 minutes, à 13 h 50. C'est un train direct.
Monsieur Thomas : Combien de temps dure le trajet ?
Employée : Vingt-trois minutes, vous arriverez à 14 h 13.
Monsieur Thomas : Parfait, donnez-moi un billet, s'il vous plaît !

CHAPITRE 24, p. 205 : Am Taxi / Dans un taxi

Exercice n° 1, p. 211
9. – Moien, braucht Dir en Taxi?
6. – Jo, ech ginn an den Zentrum. Ass et e Pauschalpräis (prix forfaitaire) oder benotzt Dir de Compteur?
2. – Ech benotzen de Compteur. Wou wëllt Dir higoen?
1. – Mol kucken, Hotel Canada, 155 rue des Martyrs… Ärer Meenung no, wéi vill Zäit brauche mir, fir dohin ze fueren?
10. – Et dierft net laang daueren, ongeféier 20 Minutten.
8. – Wéi ass et mam Präis?
3. – Net méi wéi 30 Euro, mengen ech.
11. – An der Rei, maache mir eis op de Wee (se mettre en route).
12. – Hotel Canada, mir sinn ukomm! 27 Euro, wannechgelift!
4. – Hei sinn se!
7. – Merci, hei ass Är Wallis! Schéinen Dag!
5. – Merci gläichfalls!

Traduction
– Bonjour, avez-vous besoin d'un taxi ?
– Oui, je vais dans le centre. Est-ce un prix forfaitaire ou utilisez-vous le compteur ?
– J'utilise le compteur. Où voulez-vous aller ?

CORRIGÉS

– *Voyons voir, Hôtel Canada, 155, rue des Martyrs… À votre avis, combien de temps faut-il pour s'y rendre ?*
– *Cela ne devrait pas être long, environ 20 minutes.*
– *Quel sera le prix de la course ?*
– *Pas plus de 30 euros, je pense.*
– *Très bien, mettons-nous en route (allons-y).*
– *Hôtel Canada, nous sommes arrivés ! 27 euros, s'il vous plaît !*
– *Les voici !*
– *Merci, voici votre valise, bonne journée !*
– *Merci, de même !*

Exercice n° 2, p. 211

Taxischauffer: Moien, wuer fuere mir?
Client: Moien, op d'Gare zu Lëtzebuerg, ech hunn en Zuch an enger Stonn!
Taxischauffer: An enger Stonn? Da musse mir Gas ginn. Et ass dräi Auer an et ass schonn décke Verkéier.
Client: Ass et wouer? Ass dat ëmmer esou zu Lëtzebuerg?
Taxischauffer: Jo, géint dräi Auer fänkt et u mam Verkéier, bis ongeféier siwen Auer. Dir hutt e klengen Accent, vu wou sidd Dir, wann ech froen däerf?
Client: Ech kommen aus dem Elsass, vu Colmar. Waart Dir schonn eng Kéier am Elsass?
Taxischauffer: Jo, reegelméisseg, vu datt ech virdru Buschauffer war. A soss, waart Dir hei, fir Är Famill oder Frënn ze besichen?
Client: Jo, ech hunn e puer Deeg bei Kolleege verbruecht. Mir waren zesummen op der Universitéit.
Taxischauffer: Et ass scho laang hier?
Client: Jo, méi wéi zwanzeg Joer! D'Zäit vergeet séier!
Taxischauffer: Esou séier, datt mir bal ukomm sinn.

Traduction

Chauffeur de taxi : *Bonjour, où allons-nous ?*
Client : *Bonjour, à la gare de Luxembourg, j'ai un train dans une heure !*
Chauffeur de taxi : *Dans une heure ? Il ne faut pas perdre de temps. Il est 15 heures et la circulation est déjà dense.*
Client : *C'est vrai ? Est-ce toujours ainsi au Luxembourg ?*
Chauffeur de taxi : *Oui, vers 15 heures, la circulation commence à se densifier, jusqu'à environ 19 heures. Vous avez un léger accent, d'où venez-vous, si je puis me permettre ?*
Client : *Je viens d'Alsace, de Colmar. Êtes-vous déjà allé en Alsace ?*
Chauffeur de taxi : *Oui, régulièrement, vu que j'étais auparavant chauffeur de bus. Et sinon, êtes-vous venu pour rendre visite à votre famille ou à des amis ?*
Client : *Oui, j'ai passé quelques jours chez des amis. Nous étions ensemble à l'université.*
Chauffeur de taxi : *Ça fait déjà longtemps ?*
Client : *Oui, plus de 20 ans ! Le temps passe vite !*
Chauffeur de taxi : *Tellement vite que nous sommes presque arrivés !*

CHAPITRE 25, p. 213 : Beim Dokter–Am Spidol / *Chez le médecin – À l'hôpital*

Exercice, p. 219

Ech schaffen an ech wunnen zu Lëtzebuerg, ech sinn hei **ugemellt**. Wann ech an **d'Apdikt** ginn, **muss** ech meng **Medikamenter** net ganz bezuelen. Ech sinn iwwer **d'Gesondheetskeess verséchert**. Ech weise meng **Sécurité-sociales-Käertchen** oder soe meng

CORRIGÉS

Matriculesnummer an da muss ech just en Deel vun de Fraise bezuelen. Beim Dokter kréien ech eng **Rechnung**, ech **bezuelen** se , **schécken** se un d'Gesondheetskeess an d'Keess **rembouréiert** mech dann.

Traduction
Je travaille et j'habite à Luxembourg, je suis enregistré ici. Lorsque je vais à la pharmacie, je ne suis pas obligé de payer mes médicaments en totalité. Je suis assuré par la caisse de santé. Je montre ma carte de sécurité sociale ou je donne mon numéro de matricule et je paie une partie seulement des frais. Chez le médecin, je reçois une facture, je paie la facture, j'envoie la facture à la caisse de santé et la caisse me rembourse par la suite.

CHAPITRE 26, p. 221 : An der Schoul / À l'école

Exercice, p. 229
Am Schoulhaff spillt d'Aurélie mam Julie.
An der Kantin iessen d'Kanner gär.
An der Maison relais kritt de Pierre Nohëllefsstonnen am Rechnen.
Um Büro schwätzen ech mat de Kolleegen.
Op der Aarbecht kennen ech vill Lëtzebuerger.
Op der Spillplaz spillen d'Kanner zesummen.
Op der Gemeng kënnt Dir Iech fir de Cours umellen.
An der Schoul léieren d'Kanner och Sproochen.
An der Vakanz schaffe mir net.
An der Paus drénken ech e Kaffi.

Traduction
(En français, on commence moins souvent par la locution de lieu.)
Aurélie joue avec Julie dans la cour de l'école.
Les enfants aiment manger à la cantine.
Pierre a des cours de rattrapage à la maison relais.
Je parle aux collègues au bureau.
Je connais beaucoup de Luxembourgeois au travail.
Les enfants jouent ensemble sur l'aire de jeux.
Vous pouvez vous inscrire au cours à la mairie.
À l'école, les enfants apprennent aussi les langues.
Nous ne travaillons pas pendant les vacances.
Je bois un café pendant la pause.

CHAPITRE 27, p. 231 : An der Crèche / À la crèche

Exercice, p. 237
1. D'Kanner **musse** wärend der Sieste net schlofen, wann si net **wëllen**.
2. Si **däerfen** och e Buch kucken oder si **kënne** just raschten.
3. Si **sollen** awer roueg sinn.
4. D'Marie **wëllt** nomëttes net schlofen, mee d'Educatrice seet, hatt **soll** sech leeën, fir ze raschten.
5. **Däerfs** du hei zu Lëtzebuerg schaffen?
6. **Muss** du och däin Auto hei umellen?
7. Dir **sollt** net sou vill Kaffi drénken, dat ass net gutt fir d'Gesondheet.

CORRIGÉS

8. Wat **soll** ech da soss drénken? Téi?
9. **Kanns** du mir wannechgelift hëllefen? Ech **kann** dat net eleng maachen.
10. **Solls** du net um 3 Auer um Büro sinn?

Traduction
1. Les enfants ne sont pas obligés de dormir pendant la sieste s'ils ne le veulent pas.
2. Ils ont aussi le droit de regarder un livre ou ils peuvent simplement se reposer.
3. Mais ils doivent être tranquilles.
4. Marie ne veut pas dormir l'après-midi, mais l'éducatrice lui dit de se coucher pour se reposer.
5. As-tu le droit de travailler ici au Luxembourg ?
6. Dois-tu aussi faire enregistrer ta voiture ici ?
7. Vous ne devez pas boire autant de café, ce n'est pas bon pour la santé.
8. Que dois-je boire alors ? Du thé ?
9. Peux-tu m'aider, s'il te plaît ? Je ne peux pas faire ça tout seul.
10. Ne dois-tu pas être au bureau à 15 heures ?

CHAPITRE 28, p. 239 : An de Kino invitéieren / *Inviter au cinéma*

Exercice, p. 245

	proposer	accepter	refuser
Et deet mer leed, mee ech hu keng Zäit. *Je suis désolé(e), mais je n'ai pas le temps.*			X
Dat ass eng Superiddi, ech gi gär mat. *C'est une super idée, je viens volontiers.*		X	
Jo, gär, wéini? *Oui, volontiers, quand ?*		X	
Gees de muer mat an de Kino? *Tu viens au cinéma demain ?*	X		
Nächst Woch ass e Concert vu Red Star. Solle mer zesumme goen? *La semaine prochaine, il y a un concert de Red Star. On y va ensemble ?*	X		
Ech hu leider keng Zäit. *Je n'ai malheureusement pas le temps.*			X
O nee, dat seet mer guer näischt. *Oh non, je n'en ai pas du tout envie.*			X
Gees de mat den neie Film vun XY kucken? *Tu m'accompagnes voir le nouveau film de XY ?*	X		
Dat ass awer guer net menges. *Ce n'est pas du tout à mon goût.*			X
Jo, merci fir d'Invitatioun, ech komme gär mat. *Oui, merci pour l'invitation, je viens volontiers.*		X	

CHAPITRE 29, p. 247 : Iwwer Sport schwätzen / *Conversation autour du sport*

Exercice, p. 255
1. Ech spille léiwer Handball wéi Tennis.

CORRIGÉS

2. Ech iesse léiwer Pizza wéi Spaghettien.
3. Ech drénke léiwer Wäin wéi Béier.
4. Ech fuere léiwer mam Auto wéi mam Bus.
5. Ech schaffe léiwer an der Stad wéi zu Esch.
6. Ech wunne léiwer zu Lëtzebuerg wéi a Frankräich.
7. Ech gi léiwer schwamme wéi joggen.
8. Ech schwätze léiwer Franséisch wéi Lëtzebuergesch.
9. Ech maache léiwer Sport wéi näischt.
10. Ech lafe léiwer am Bësch wéi op der Strooss.

Traduction
1. Je préfère jouer au handball plutôt qu'au tennis.
2. Je préfère manger de la pizza plutôt que des spaghettis.
3. Je préfère boire du vin plutôt que de la bière.
4. Je préfère me déplacer en voiture plutôt qu'en bus.
5. Je préfère travailler en ville plutôt qu'à Esch.
6. Je préfère habiter au Luxembourg plutôt qu'en France.
7. Je préfère nager plutôt que faire du jogging.
8. Je préfère parler français plutôt que luxembourgeois.
9. Je préfère faire du sport plutôt que de ne rien faire.
10. Je préfère courir dans la forêt plutôt que dans la rue.

CHAPITRE 30, p. 257 : Op Besuch bei sengen Noperen / *Invitation entre voisins*

Exercice, p. 263
1. Deng Wunneng ass méi déier wéi meng (Wunneng).
2. Äre Salon ass méi grouss wéi eisen (Salon).
3. Dem Antonia säin Noper ass méi léif wéi mäin (Noper).
4. D'Wunneng beim Park ass méi roueg wéi d'Wunneng op der Haaptstrooss.
5. Mäi Mann schafft méi laang wéi mäin Noper.
6. Meng nei Wunneng ass méi no beim Bäcker wéi meng al (Wunneng).
7. De Pierre wunnt méi laang zu Lëtzebuerg wéi d'Antonia.
8. Är Wunneng ass méi kleng wéi eis (Wunneng).
9. Mäi Meedchen ass méi al wéi däi Jong.
10. Dem Antonia säi Mann kënnt méi spéit wéi d'Antonia.

Traduction
1. Ton appartement est plus cher que le mien.
2. Votre salon est plus grand que le nôtre.
3. Le voisin d'Antonia est plus gentil que le mien.
4. L'appartement près du parc est plus calme que l'appartement dans la rue principale.
5. Mon mari travaille plus longtemps que mon voisin.
6. Mon nouvel appartement est plus près du boulanger que mon ancien appartement.
7. Pierre habite à Luxembourg depuis plus longtemps qu'Antonia.
8. Votre appartement est plus petit que le nôtre.
9. Ma fille est plus âgée que ton fils.
10. Le mari d'Antonia arrive plus tard qu'Antonia.

Index

Index des chapitres

À l'école, 221
À la banque, 65
À la Caisse nationale de santé, 89
À la crèche, 231
À la gare, 197
À la mairie, 57
À la poste, 73
Accueillir un client, 155
Acheter un snack, 189
Apprendre à connaître ses collègues de travail, 147
Au téléphone, 115
Chez le médecin – À l'hôpital, 213
Conversation autour du sport, 247
Dans un taxi, 205
Demander son chemin, 181
Donner des ordres ou des instructions, 139
Excuses, 27
Invitation entre voisins, 257
Inviter au cinéma, 239
Ligne téléphonique et connexion Internet, 81
Préparer et organiser une réunion, 131
Réagir à une annonce, 107
Réagir à une réclamation, 163
Rendez-vous (pour visiter une location), 45
Renseignements, 35
S'inscrire à l'ADEM (Pôle emploi), 97
Salutations, présentations, 9
Tutoiement et vouvoiement, 19
Un déjeuner d'affaires, 171
Un entretien d'embauche, 123

Index général

Accepter, 135, 244
Adjectif
- épithète, 260
- possessif, 216, 226
- qualificatifs, 127, 260
- relatif aux langues nationales, 110

Adverbe
- d'affirmation et de négation, 135
- d'appréciation, 150, 151
- de lieu, 69, 186, 187
- de temps, 51, 52, 110, 150
- interrogatif, 126, 208

Affirmation, 135
Aimer, 48, 174, 176, 192, 193, 243, 252
Article
- défini, 12, 13
- indéfini, 51, 260

Auxiliaire, 12, 60, 93, 142, 176
Avis, 128

But, 68

Cause, 68, 126, 166, 167
Chiffres ordinaux, 185
Comparatif, 252, 260
Condition, 84
Conditionnel
- présent, 42, 77, 142
- passé, 159

Conjonction de subordination, 68, 77, 84, 126, 128, 158
Conséquence, 118, 150

Date, 51, 136, 150
Datif, 174
Déplacement, 60, 186, 200, 210
Diminutif, 218
Durée, 150

État civil, 128
Excuses, 27, 32
Expression du temps, 84

Formules de politesse, 32, 76, 77, 78, 111, 142, 166, 192, 234, 235
Futur simple, 60, 176

Heure, 50, 51, 200, 201

Impératif, 30, 127, 142, 151, 166, 184
Infinitif, 61, 68
- Phrase infinitive, 242
Interdiction, 100
Intéresser, 127
Interrogation, 76, 151
- Adverbe interrogatif, 126, 208
- Pronom interrogatif, 101
Inviter, 49, 244, 245, 253, 254

Jours, 51

Langues, 13
- Adjectifs relatifs aux langues nationales, 110
Locution conjonctionnelle, 118

Nécessité, 100
Négation, 100, 135, 186, 235
Nombres, 49, 50

Obligation, 100, 234, 235
Opinion, 128
Ordre, 100, 127, 142, 151, 166, 184

Particule
- séparable, 40, 61, 134, 142, 253
- verbale, 134
Passé
- composé, 60, 151
- récent, 118
Passif, 93
Plus-que-parfait, 208

Possession, 216, 226
Possibilité, 234
Pouvoir, 192, 234
Préférence, 48, 49, 252
Préposition
- de lieu, 12, 200
- de temps, 111
- indéfinie, 127
- Locution prépositive, 68

Présentation, 9, 12, 13, 14, 15, 102, 152, 174
Probabilité, 100, 192
Pronom
- adjectif démonstratif, 68
- démonstratif, 68
- interrogatif, 101
- on, 85
- personnel (nominatif, accusatif, datif), 24, 174
- relatif, 92, 175

Proposer, 49, 244, 245, 253, 254

Refuser, 135, 244, 245, 254

Salutations, 9, 15
Souhait, 42, 43, 77, 78, 192, 194, 202, 234
Subordonnée, 68, 77, 84, 92, 118, 126, 128, 158, 184

Tutoiement, 19, 24, 25

Vacances, 228
Verbe
- de modalité, 100, 192, 234
- de pensée, 158
- de parole, 158

Vœu, 42, 43, 77, 88, 192, 194, 202, 234
Vouvoiement, 19, 24

Toutes les illustrations sont de Loïc Schvartz.
Suivi éditorial : Céladon éditions
www.celadoneditions.com
Relecture technique : Peter Gilles
Ingénieur du son : Léonard Mule @ Studio du Poisson Barbu
Conception graphique : Isabelle Chemin pour Céladon éditions
Mise en pages : Céladon éditions

© 2014, Assimil.
Dépôt légal : juillet 2014
N° d'édition : 4323 - mars 2024
ISBN : 978-2-7005-8161-4
www.assimil.com

Achevé d'imprimer en République tchèque.